史海政治

中国文化百科

兴国

天下太平盛世

郭伟伟 编著 胡元斌 丛书主编

汕头大学出版社

图书在版编目（CIP）数据

兴国：天下太平盛世 / 郭伟伟编著. -- 汕头：汕
头大学出版社，2015.2（2020.1重印）
（中国文化百科 / 胡元斌主编）
ISBN 978-7-5658-1571-3

Ⅰ. ①兴… Ⅱ. ①郭… Ⅲ. ①中国历史 Ⅳ. ①K20

中国版本图书馆CIP数据核字（2015）第020751号

兴国：天下太平盛世　　　　XINGGUO：TIANXIA TAIPING SHENGSHI

编　　著：郭伟伟
丛书主编：胡元斌
责任编辑：邹　峰
封面设计：大华文苑
责任技编：黄东生
出版发行：汕头大学出版社
　　　　　广东省汕头市大学路243号汕头大学校园内　邮政编码：515063
电　　话：0754-82904613
印　　刷：三河市燕春印务有限公司
开　　本：700mm×1000mm 1/16
印　　张：7
字　　数：50千字
版　　次：2015年2月第1版
印　　次：2020年1月第2次印刷
定　　价：29.80元
ISBN 978-7-5658-1571-3

前 言

  中华文化也叫华夏文化、华夏文明，是中国各民族文化的总称，是中华文明在发展过程中汇集而成的一种反映民族特质和风貌的民族文化，是中华民族历史上各种物态文化、精神文化、行为文化等方面的总体表现。

  中华文化是居住在中国地域内的中华民族及其祖先所创造的、为中华民族世世代代所继承发展的、具有鲜明民族特色而内涵博大精深的传统优良文化，历史十分悠久，流传非常广泛，在世界上拥有巨大的影响。

  中华文化源远流长，最直接的源头是黄河文化与长江文化，这两大文化浪涛经过千百年冲刷洗礼和不断交流、融合以及沉淀，最终形成了求同存异、兼收并蓄的中华文化。千百年来，中华文化薪火相传，一脉相承，是世界上唯一五千年绵延不绝从没中断的古老文化，并始终充满了生机与活力，这充分展现了中华文化顽强的生命力。

  中华文化的顽强生命力，已经深深熔铸到我们的创造力和凝聚力中，是我们民族的基因。中华民族的精神，也已深深植根于绵延数千年的优秀文化传统之中，是我们的精神家园。总之，中国文化博大精深，是中华各族人民五千年来创造、传承下来的物质文明和精神文明的总和，其内容包罗万象，浩若星汉，具有很强文化纵深，蕴含丰富宝藏。

  中华文化主要包括文明悠久的历史形态、持续发展的古代经济、特色鲜明的书法绘画、美轮美奂的古典工艺、异彩纷呈的文学艺术、欢乐祥和的歌舞娱乐、独具特色的语言文字、匠心独运的国宝器物、辉煌灿烂的科技发明、得天独厚的壮丽河山，等等，充分显示了中华民族厚重的文化底蕴和强大的民族凝聚力，风华独具，自成一体，规模宏大，底蕴悠远，具有永恒的生命力和传世价值。

在新的世纪，我们要实现中华民族的复兴，首先就要继承和发展五千年来优秀的、光明的、先进的、科学的、文明的和令人自豪的文化遗产，融合古今中外一切文化精华，构建具有中国特色的现代民族文化，向世界和未来展示中华民族的文化力量、文化价值、文化形态与文化风采，实现我们伟大的"中国梦"。

习近平总书记说："中华文化源远流长，积淀着中华民族最深层的精神追求，代表着中华民族独特的精神标识，为中华民族生生不息、发展壮大提供了丰厚滋养。中华传统美德是中华文化精髓，蕴含着丰富的思想道德资源。不忘本来才能开辟未来，善于继承才能更好创新。对历史文化特别是先人传承下来的价值理念和道德规范，要坚持古为今用、推陈出新，有鉴别地加以对待，有扬弃地予以继承，努力用中华民族创造的一切精神财富来以文化人、以文育人。"

为此，在有关部门和专家指导下，我们收集整理了大量古今资料和最新研究成果，特别编撰了本套《中国文化百科》。本套书包括了中国文化的各个方面，充分显示了中华民族厚重文化底蕴和强大民族凝聚力，具有极强的系统性、广博性和规模性。

本套作品根据中华文化形态的结构模式，共分为10套，每套冠以具有丰富内涵的套书名。再以归类细分的形式或约定俗成的说法，每套分为10册，每册冠以别具深意的主标题书名和明确直观的副标题书名。每套自成体系，每册相互补充，横向开拓，纵向深入，全景式反映了整个中华文化的博大规模，凝聚性体现了整个中华文化的厚重精深，可以说是全面展现中华文化的大博览。因此，非常适合广大读者阅读和珍藏，也非常适合各级图书馆装备和陈列。

目 录

中兴之朝

治世盛景

天下大治

繁荣时代

中兴之期

　　春秋战国是我国历史上的上古时期。夏商周三个朝代分别代表了我国历史上奴隶制的形成、发展和结束，因此它们是不可分割的。任何一个朝代，不论其经济和文化发展到什么程度，民心始终是第一位的。

　　夏朝姒少康之所以能复国中兴；商朝的武丁之所以能够开创商朝盛世；西周的成王和康王之所以能使西周强盛，都是因为赢得了人民的拥护和支持。这就是说，朝代兴亡取决于民心的向背。

少康复国中兴

姒少康是我国夏朝第六代君主，是相的儿子，杼的父亲。姒少康的父亲夏后氏首领姒相被敌对的寒促派人杀死后，他凭借个人的魅力，广施德政，得到夏后氏遗民的拥护，积累了一定的实力。

同时，他在同姓部落斟灌氏与斟鄩氏的帮助下，与夏后氏遗臣伯靡等人合力，以弱胜强，最终战胜寒促，恢复了夏王朝的统治。

这个时期被史家称为"少康中兴"，是我国历史上第一个出现以"中兴"两字命名的时代，对后代社会具有很大的影响作用。

姒少康的父亲相在太康失国后被族人立为夏王，但相因为国家已经被后羿和寒浞占据，就逃往帝丘的同姓诸侯斟寻氏和斟灌氏处避难。寒浞为防止夏的势力复兴，就派人杀死了相。

在寒浞清剿夏的势力时，相的妻子后缗氏此时已经怀孕。她为了躲避寒浞的追杀，就逃到娘家有仍氏所在地，生下了遗腹子姒少康。后缗氏把眼泪咽到肚里，把仇恨埋到心底，她决心将姒少康抚养成人。

姒少康得知自己的身世后，极度悲愤，立志复仇兴国。外祖父见姒少康人小志大，满心欢喜，命他在有仍氏族中担任牧官。

他恪守本职，做好牧官工作。同时，他利用空闲时间向有智谋的人学习治国方略，向有军事才能的人学习排兵布阵、攻战野战，并积极纠集武人谋士，密切注视杀父仇人的举动。

不料，一年夏天，寒浞长子浇打听到了姒少康的下落，便派手下大将椒率兵搜捕姒少康。所幸姒少康事先得到了消息，提前逃离有仍氏住地，躲过了椒的搜捕。

姒少康逃至舜的后代有虞氏部落，被有虞氏任用为庖正，负责管理厨房膳食。有虞氏首领虞思见姒少康年轻有为，很具才干，十分欣

赏，便将自己的两个女儿嫁与姒少康为妻，又将一处叫做纶的地区划给他做封地。

自此，姒少康拥有了一片肥沃的土地和不少士兵，这些成为他复仇兴国的根据地和武装力量。

姒少康以自己的封地为据点，收抚斟灌氏和斟寻氏被伐灭时逃散的族人，组建、发展武装办量，招揽昔日夏朝官吏旧部，广泛宣扬夏祖先的功德，揭露寒浞、浇等人篡权杀君暴虐天下百姓的罪行，积极争取邦国部落以及平民百姓的支持。

在有仍氏、有虞氏的帮助下，姒少康的势力更为壮大，开始寻机起兵复仇。

姒少康首先暗中派遣谍报人员女艾进入寒浞统治地区，刺探实情。寒浞此时已经死了，其长子浇继承寒浞的位置，把持国政，驻扎在夏朝故都安邑。此人身大力蛮，暴虐百姓，人民无不痛恨。

姒少康率领各邦国及部落的人马，浩浩荡荡杀奔夏朝故都安邑。此时，浇正在王宫中享受寻欢作乐，忽然听到姒少康大军兵临城下，非常震惊，依仗其蛮力负隅顽抗。但最终无力抵抗姒少康大军的进击，被姒少康消灭。

姒少康进入安邑后，在众人的拥护声中，重新登上王位，恢复了夏王朝的统治。

姒少康重建夏王朝统治后，在夏朝的另一旧都阳翟重建都城，出现了较为稳定的政治局面。史家称之为"姒少康复国中兴"，姒少康也被誉为一代中兴之主。

从"太康失国"到"姒少康中兴"，前后共约近百年。在这个过程中，斗争成败的重要原因，在于能否得到人民的拥护。太康失国，是因为他生活奢侈，导致国政荒疏；而姒少康能中兴，则在于他立足纶邑以后，在政治上重视人的因素，军事上重视谋略。

这是姒少康能以弱胜强，重建政权的主要原因。

拓展阅读

传说姒少康在梦中得到神人指点，在山中找到3滴不同的人血，将其滴入泉中，泉水立刻香气扑鼻，品之如仙如痴。因为用了9天时间又用了3滴血，姒少康就将这种饮料命名为"酒"。

因为有了秀才、武士、傻子的3滴血在起作用，所以人们在喝酒时一般也按这3个程序进行：举杯互道贺词，好似秀才吟诗作对般文气十足；第二阶段，酒过三巡，情到胜处，一饮而尽，好似武士般慷慨豪爽；第三阶段，酒醉人疯，似呆傻之人不省人事。

武丁振兴商朝

武丁是我国商朝第二十三位国王，著名的军事统帅。他也是商朝一位有政治才能的君王大帝，雄才大略，有远大的政治理想。

武丁在位期间，在丞相傅说、将军妇好等人的共同辅佐下，对内大治，对外征伐。通过几十年的文治武功，使商朝政治、经济、军事、文化得到空前发展，百姓生活安定，四方诸侯宾服，开创了商朝繁盛的局面。同时商朝版图和势力范围扩张，使商朝成为泱泱大国。史称"武丁中兴"。

　　武丁年少之时，父王小乙为了其能成为一个称职的国王，就把他派到外地观省民风，增长见识，锻炼才能。于是，武丁来到黄河两岸，观察当地人民的生活，接触大量的平民和奴隶。有时，武丁还和这些人一起做杂役，参加农业劳动。这些生活体验，使他了解到生活

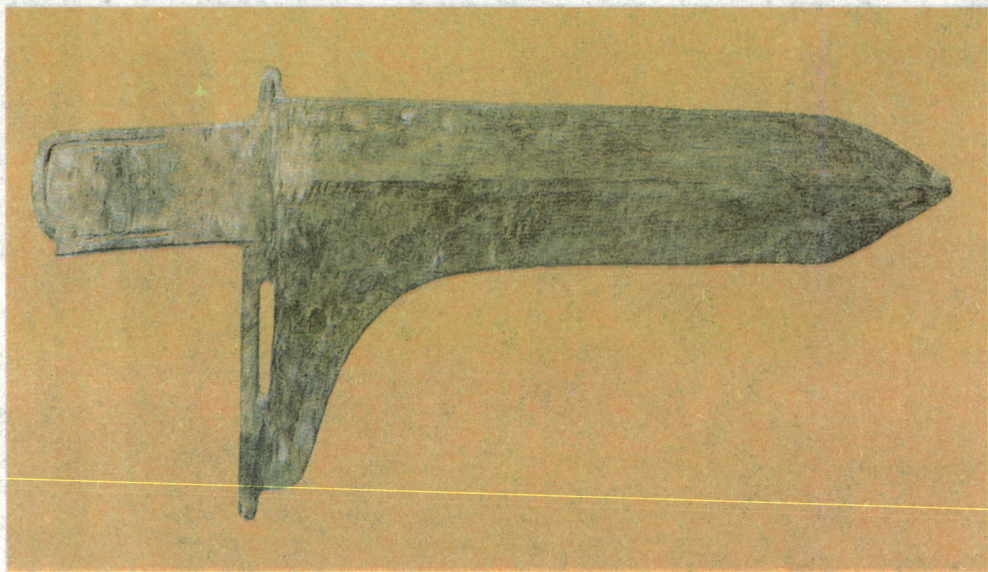

的艰辛和劳动的不易。

武丁在体验生活时，认识了一个名叫傅说的杂役，二人极为投缘。武丁常常在他面前谈起对现实的不满及世道的黑暗，傅说往往就此发表一下自己的见解。武丁发现傅说谈吐不凡，是一个经世济民的奇才。

武丁即位时，根基还不算稳固，但他不甘心让国家就此衰败下去，也不情愿让有识之士傅说无用武之地。于是他使了一计，假托在太华山接受天帝教诲，给他指点治国之道。

他对群臣说："天帝告诉我，有一个圣人叫傅说，天帝为了磨炼他的意志，把他贬为奴隶，此人能助我兴国。你们速去把他请回。"然后，命人按照他描述的样子画了傅说的画像，又讲述了他所在的地方，限期寻找傅说。

由于武丁善于选拔人才，善于任用人才，所以，在他的身边，就聚集了傅说、祖己等众多名臣。在这些人的共同辅佐下，武丁推行仁

德政治，开始施展自己的
才能。

　　武丁重新任命各级官
员，将三年来尽忠职守的
大臣提拔重用，将擅离职
守的大臣贬职放逐，然
后公布新的法制。消息传
出，举国欢庆。

　　武丁是一个虚心纳谏
的君王。因此，很多聪明
的大臣往往借自然的异变
来劝谏君王，都起到了很
好的作用。

　　有一次，武丁祭祀成
汤之时，一只野鸡飞到了
鼎身上啼叫。在王都的郊
外，有一片茂盛的森林，
是飞鸟经常栖息的地方。
所以，一只野雉飞到太庙
中来鸣叫，这本是一件非
常自然的事情。但武丁却
认为这是一种不祥之兆，
害怕会有什么不好的事情
发生。

妇好

祖己趁机劝谏武丁："请大王不要担惊，不要害怕。现在，只要你修好政事，励精图治，勤俭节约，一切不祥之兆自会烟消云散。"当时，武丁用来祭祀的祭品太过于丰盛，而祖己却担心他流于奢侈，便劝谏如此一番话。

武丁时期，对周围侵扰商朝的各诸侯国、方国，包括羌方、土方、人方、鬼方、虎方、荆楚等展开了一系列的征讨。此举造成了许多负面影响，比如浪费了大量的人力、物力和财力，加重了百姓的负担等。

针对这种情况，傅说希望尽量减少杀伐，对已经征服的部族做好管理，并禁止屠杀奴隶。还提出了许多治国兴邦的建议。武丁一一应允。

武丁为了控制广大被征服的地区，就把功臣和臣服的少数民族首领分封在外地，被分封者称为侯或伯，开了周代分封制的先河。其中周人的祖先就是在武丁时代被征服并接

受了商的封号。

武丁施展治国才干，大力发展农业生产，使农牧业产量大力提高。与此同时，他还严明法律，使一切都井然有序。商王朝人口得到增加，国力逐渐增强。

在武丁的治理下，商王朝自此兴盛起来。至武丁末年，商朝已成为西起甘肃，东到海滨，北及大漠，南逾江汉，包含众多部族的泱泱大国，实际上奠定了秦始皇之前华夏族大体上的疆域。

公元前1192年，武丁去世。在武丁之前，商朝的王位继承以兄死弟继为主，从武丁开始，由他的儿子祖庚继位。此后逐渐确立了父死子继的制度。

武丁开拓了广大的疆域，而商代的科技成就，也从一个侧面反映了武丁时代的不世之功。这些成就有的可能不是武丁时代的成果，但武丁创造了商朝的盛世，这对于当时科技文化的发展，显然具有不可低估的直接或间接作用。

在商朝时，日历已经有大小月之分，规定366天为一个周期，并用年终置闰来调整朔望月和回归年的长度。商代甲骨文中有多次日食、

月食和新星的记录。

商代甲骨文中有大至3万的数字，确立了明确的十进制，奇数、偶数和倍数的概念，有了初步的计算能力。

商代掌握了许多光学方面知识并得到应用。商代出土的微凸面镜，能在较小的镜面上照出整个人面。

武丁的雄才大略和政治理想不仅体现在对外征伐、文明输出，而且还体现在殷商国内各行业的快速发展，从而造就了一个积极进取，不断开拓的时代。

拓展阅读

武丁在体验生活时，有一天对傅说说："假如有一天我能做国王，一定让你做我的近臣。"

傅说说："我们这些奴隶连自由都不敢想，哪还谈得上当国王呢！"

武丁不再说话。

武丁即位后把傅说请来，傅说见国王竟是以前的杂役，不禁大吃一惊。武丁就向傅说讲述了事情的来龙去脉与自己的打算，希望他在出谋划策的同时，能及时纠正自己的错误，以便兴国富民。

傅说听了武丁一席话，感动得热泪盈眶，他表示一生愿为武丁效犬马之劳。

成康强盛西周

我国西周时期，周成王和其子周康王继承周文王和周武王的功业，励精图治，务从节俭，克制私欲，令周公制礼作乐，创立和推行王朝各种典章制度，大规模进行自周武王时开始的分封制，加强对周王朝的统治。

在周成王、周康王相继在位的40余年间，天下安宁，国力强盛，经济繁荣，文化昌盛，社会安定，刑具40余年不曾动用，是西周最为强盛的阶段，被史家称为"成康之治"。

周武王灭商居功至伟，他去世后，太子姬诵继立，是为周成王。周成王年幼，就由曾经辅佐周武王的周公旦代行国政。

周公旦是一个大政治家，依据西周原有的制度，参酌殷礼，有所损益，便制定出一套巩固封建统治的制度来，这就是后世儒家所极力称颂和推崇的"周公旦之礼"或"周典"。

周武王的两个弟弟管叔、蔡叔怀疑周公旦将篡夺王位，诋毁周公旦，并和以武庚为首的殷遗民联络，一时朝野流言四起。武庚本人也认为有机可乘，便积极图谋复国。

于是，他们勾结在一起，并纠集了徐、奄、薄姑和熊、盈等方国部落起兵反周。

周公旦处在内外交困的地位，非常困难。他向周成王解释清楚后，毅然率领军队，进行东征。经过3年的艰苦作战，周公旦杀武庚，黜管蔡，攻灭奄、徐等17国，俘商贵族及遗民为俘虏。

为了消弭殷商的残余势力，也为了巩固西周的统治，周公旦首先

命令诸侯在伊洛地区合力营建新城，即东都洛邑。洛邑建成之后，把曾经反对周朝的殷遗民迁徙到这个地方，严加控制。同时，周公旦建议周成王实行分封制。

周成王听从周公旦的建议，把奄国封给周公的大儿子伯禽，让他

做鲁侯，故都在今山东省曲阜；又封他的外祖父太公吕尚做齐侯，故
都在今山东省临淄。这样一来，齐、鲁两大国代替了奄和蒲姑，商朝
不能再反叛了。

　　周召公的儿子封在燕，故都在今河北省易县，后迁都今北京。周

成王的弟弟叔虞封在唐，故都在今山西省太原县，后称晋国。当年周武王攻灭商朝时，纣王的庶兄微子启曾抬着棺材到周武王的军队前投降。

武庚死后，周成王把商朝旧都商丘封给微子启，爵位为"公"，国号为宋。宋国附近，实际上还有陈、杞和焦3个国家，这样分封是为了监视宋国。

周成王实行"封土建国"政策，按疆土距京城的远近，把土地及土地上的人民赐予分封者。一方面，受封者在所封的土地上握有政治、经济、军事等大权，实行全面的统治；另一方面，受封者要对周天子承担镇守疆土、出兵勤王、缴纳贡赋、随王祭祀等义务。

通过分封，周天子从长远处着眼，利用一级一级的分封制，形成一个统治网；同时，建立了自己的据点，用以抵御北方的少数民族，保护卫国和周国。而这些受封者又都是周朝最重要的贵族，足见周朝初年的大分封，确实有政治远见。

周公旦见西周政权得以巩固，便功成身退，还政于周成王，周朝进入巩固时期。到周成王姬诵在位后期，政治清明，人民安居乐业。

周成王病故后，他的儿子姬钊继位，是为周康王。周康王在老臣召公、毕公陪同下，率领诸侯来到祖庙。两位把周文王、周武王创业的艰辛告诉周康王，告诫他要节俭寡欲，勤于政事，守住祖先的基业。周康王一一记下，决心不负众望，把国家治理好。

周康王继续推行周成王在位期间所实行的国策，再接再厉，使经济得到更大的发展，国库丰裕，人民安居乐业，社会安定团结，到处呈现一派升平盛世的景象。生活好了，犯罪案件也少了，可以说是路不拾遗、夜不闭户。

所有这些，跟周康王的努力是分不开的。

周康王在位时，西北方的犬戎兵经常对边境进行侵扰，给周朝带来极大的损失和威胁。为了使国家长治久安，周康王果断做出了发动征伐鬼方战争的决定。

这次决定是经过一番谨慎的考量和充分的准备的。一方面国内政治稳定，经济繁荣，综合国力不断上升；另一方面，军队经过治理整顿，战斗力大大提高，发动这样一场战争已经是胜券在握了。于是，周康王命得力将领率领大军进攻犬戎。

经过两次大规模的作战，战斗力已经大大增强的周军取得决定性的胜利，歼灭敌人4800多人，俘获1.3万多人，并缴获大量车马和

牛羊等战利品，使边境在很长的一段时间内得到安定。

从周朝开始，进行境内各个民族与部落的不断融合，在这期间，逐步形成了华夏族，成为现代汉民族的前身。在当时，还有其他少数民族如夷族、蛮族、越族、戎狄族、肃慎族、东胡族等，也都加入到融合的行列中。

周成王及其子周康王成王在周公旦的辅佐下，将文王、武王时的一些好传统继承下来，西周的奴隶制进一步巩固，王权进一步加强。同时，文化昌盛，社会安定，据说刑具40年间不曾用过。

拓展阅读

周成王小的时候，有一天，他和与自己感情非常好的小弟弟叔虞在宫中的一棵梧桐树下一块儿玩耍。

忽然，一阵秋风吹来，梧桐树上的叶子纷纷飘落。风过后，地上留下了许多梧桐叶。

周成王一时兴起，便从地上捡起一片梧桐叶，用小刀切成一个像当时大臣们上朝时手中所持的"圭"，并随手将它送给了叔虞，以玩笑的语气对他说："我要封给你一块土地，喏，你先把这个拿去吧！"

周成王执政以后，实现了诺言，将叔虞册封于唐地。

治世盛景

　　秦汉至隋唐是我国历史上的中古时期。秦汉帝国与隋唐帝国的终始，间隔1100余年。期间延续较长的王朝，都会在其早期出现一次"治世"。作为封建盛世的典范，它们表现出了一致的特征：百姓富庶，社会经济高度繁荣；文治兴盛，文化繁荣。

　　这些现象以惊人相似的面貌在不同时期显现，如果从"一般"的角度予以审视与考察，不难从中发现某种"必然"的东西。事实上，荣辱皆因统治者之手而生！

西汉文景治世

西汉王朝建立之初，经济萧条，其统治者吸取秦灭的教训，减轻农民的徭役和劳役等负担，注重发展农业生产。

西汉王朝建立后，统治者着力于恢复农业生产，稳定统治秩序，收到了显著的成效。

汉文帝和汉景帝相继即位后，又在这基础上进一步采取了轻徭薄赋，与民休息的政策，使生产日渐得到恢复并且迅速发展，汉王朝的物质基础大大增强，人民的生活水平得到了很大程度的提升。是我国历史上经济文化发展水平最高的时期。史称"文景之治"。

汉初统治者坚持黄老之学"赏罚信"的思想，主张严格执法，即使皇帝也不得犯法。汉文帝就是一位不以个人意志破坏法律规定而循守成法的皇帝。

一次，汉文帝出行中路过渭桥，有人从桥下走出，使汉文帝乘车的马受惊而跑。廷尉判处此人罚4两金。汉文帝要求处死。

张释之向汉文帝说："法律是天子和天下人共同制订的，如果我们轻易地改变法律，就会使人们对法律失去信任，不知怎样做才对。"汉文帝最后表示廷尉做得对。

汉文帝最重要的改革是废除对受审者肉体上的处罚，改革刑制。这一刑制的改革，在我国法制史上的意义是重大的，它是我国古代刑制由野蛮阶段进入较为文明阶段的标志。

这一改革，为刑制向新笞、杖、徒、流、死这一"五刑"的过渡奠定了基础。

汉代在军事重镇或边地要塞，都设关卡以控制人口流动，检查行旅往来。出入关隘时，要持有"传"，即通过关卡的符信，也就是凭证，方可放行。

公元前168年，汉文帝取消出入关的"传"，从而有利用于商品的流通和各地区间的经济联系，对

于农业生产的发展也有一定的促进作用。

为了吸引农民归农力本，汉文帝以减轻田租税率的办法，改变背本趋末的社会风气，用来激发农民的生产积极性。

公元前178年和公元前168年，汉文帝曾两次"除田租税之半"，即租率由"十五税一减为三十税一"，即纳三十分之一的税，13年免去全部田租。

自此以后，"三十税一"成为汉代定制。算赋也由每人每年120钱减至每人每年40钱。另外，成年男子的徭役减为每3年服役一次。这样的减免，在我国封建社会史上是独一无二的。

公元前158年，汉文帝下令，开放原来归属国家的所有山林川泽，准许私人开采矿产，合理利用和开发渔盐资源，从而促进了农民的副业生产和与国计民生有重大关系的盐铁生产事业的发展。

公元前168年，号称"智囊"的太子家令晁错向汉文帝建议入粟拜爵，并在他的著作《论贵粟疏》中宣传此思想，这一套思想非常符合汉文帝时期充实国力的目的。

汉文帝采纳了这个建议，采取公开招标价卖爵的办法来充实边防军粮。入粟拜爵办法的实行，使农民的处境暂时有所改善，而晁错的《论贵粟疏》也被后世广为传诵。

由于汉文帝采取了上述的方针和措施，使当时社会经济获得了显著的发展，统治秩序也日臻巩固。西汉初年，大的侯封国不过万家，小的五六百户；至汉文帝和汉景帝时期，流民还归田园，人口迅速繁息。列侯封国大者至三四万户，小的也户口倍增，而且比过去富裕多了。我国古代社会开始进入治世。

公元前157年，汉文帝驾崩。汉文帝的长子刘启即位，是为汉景帝。

汉景帝除了支持李广等边将对匈奴抵抗，及维持和和战战之外，还采取了一些措施，为以后汉武帝时期匈奴问题的彻底解决做了很多准备工作。

汉景帝执行黄老无为而治的政策，采取了一系列行之有效的措施。允许居住在土壤贫瘠地方的农民迁徙到土地肥沃、水源丰富的地方从事垦殖，并"租长陵田"给无地少地的农民。

同时，还多次颁诏，以法律手段，打击那些擅用民力的官吏，从而保证了正常的农业生产。他曾两次下令禁止用谷物酿酒，还禁止内郡以粟喂马。

汉景帝颁布了诏令："令田半租"，即收取汉文帝时"十五税一"之半，即"三十税一"。从此，这一新的田租税率成为西汉定制。

公元前155年，汉景帝又下令推迟男子开始服徭役的年龄3年，缩短服役的时间。这一规定一直沿用至西汉昭帝时代。

汉景帝在法律上实行轻刑慎罚的政策：其一，继续减轻刑罚，如前所述，对汉文帝废肉刑改革中一些不当之处的修正；其二，强调用法谨慎，增强司法过程中的公平性；其三，对特殊罪犯给予某些照顾。

汉景帝时期，由于社会经济的恢复及发展已达到相当的程度，所以统治阶级上自汉景帝，下至郡县官都逐渐重视文教事业的发展；当时在教育领域中最突出的就是文翁办学。文翁首创了郡国官学，对文化的传播起了重要作用。

汉景帝一面弘扬文教礼仪，一面又打击豪强。为了保证上令下达，汉景帝果断地采取了多项措施。

重要的有两项：一是在修建阳陵时，效法汉高祖迁徙豪强以实关中的做法，把部分豪强迁至阳陵邑，使他们宗族亲党相互分离，削弱他们的势力，以达到强干弱枝的目的；二是任用酷吏，如郅都、宁成、周阳等，严厉镇压那些横行郡国、作奸犯科者，收到了杀一儆百的功效，使那些不法豪强、官僚、外戚等人人股栗，个个惴恐，其不法行为大大收敛，这便局部地调整了阶级关系，有利于社会的发展。

由于推行了上述措施，就进一步促进了社会经济的稳定和发展。人口翻番，国内殷富，府库充实。

据说，汉景帝统治后期，国库里的钱堆积如山，串钱的绳子都烂断了；粮仓满了，粮食堆在露天，有的霉腐了。但是，文景时期社会经济的发展，又带来了贫富悬殊的分化。这种状况，既为后来汉武帝实施"雄才大略"，提供了雄厚的物质基础，也给西汉中期带来了新的社会问题。

公元前141年正月，汉景帝患病，病势越来越重，他自知不行了，于是病中为太子主持加冠，临终前，对刘彻说："一个人不但要知人、知己，还要知机、知止。"

汉景帝似乎已经感觉到儿子有许多异于自己的品质，把天下交给他是放心的，路还是让他自己走吧，多嘱咐也无益。汉景帝太累了，

去世时仅仅48岁。

汉文帝和汉景帝顺应历史发展，采取与时代相应的统治政策，符合当时社会的发展状况，因而促进了政治和经济的进步，出现了我国历史上前所未有的繁荣局面。

拓展阅读

汉文帝时，齐太仓令淳于公犯了罪，因为他做过官，所以要押解到长安去受刑。

淳于公幼女缇萦非常悲痛，便随父到长安，上书文帝，说："臣妾愿意入官府为奴婢，来抵赎父罪。"

汉文帝看了信，觉得小姑娘说得也很有道理，便召集制定法律的官员，要他们用别的刑罚来代替肉刑，后来就改为以打板子来代替肉刑。

对汉文帝废除肉刑，后世有许多评说，大多是认为出于"悲怜"缇萦，体现了文帝的"德政"。

汉武帝开创盛世

　　汉武帝是汉朝第七位皇帝，身为雄才大略的政治家，他的时代所产生的政治思想与规划，在历史上留下了深刻的影响。他在位期间，励精图治，对内广揽人才，发展经济；对外征伐四夷、开通西域，使汉王朝走向鼎盛，并且政治、经济、军事、文化及哲学都有相当程度的发展。西汉帝国以其精神文化和物质文化的辉煌成就成为东方文明的骄傲，在林立于世界的不同文化体系之中居于领先的地位。

　　汉武帝时代的政治体制、经济形式和文化格局，对后世皆留下相当重要的历史影响。后世称之为"汉武盛世"。

公元前140年，年仅16岁的刘彻即位，他就是我国历史上赫赫有名的汉武帝。公元前113年，汉武帝以当年为元鼎四年，并追改以前为建元，元光，元朔，元狩，每一年号六年。他我国历史上第一位使用年号的皇帝。

汉武帝即位之初，在继续推行汉景帝各项政策的同时，采取了一系列强化中央集权的措施。

为了加强中央集权，汉武帝接受主父偃的建议，允许诸王将自己的土地分给子弟，建立较小的诸侯国，即"推恩令"。这样，就使原来独立的地方王国自动地将权力上交给了国家。

此后，地方的王与侯仅仅享受物质上的特权，即享用自己封地的租税。但是没有了以前的政治特权。他还一次性削去了当时一半的侯国，从而奠定了大一统的政治格局。这种做法，成为此后两个千年间中华帝国制度的基本范式。

在军事方面，主要是集中兵权，充实了中央的军事力量；改革兵制。后又派卫青和霍去病出击匈奴，使北部边郡得以安定，他还以武力平定四方，大幅开拓领土。

如三越、西南夷、朝鲜半岛北部和西羌等地，成为西汉领土的一部分，而倭奴国、朝鲜半岛南部和东南亚等地，也开始与西汉有文化上的交流与商业上的往来。

公元前140年，汉武帝欲联合大月氏共击匈奴，张骞应募任使者。张骞通西域，虽然起初是出于军事目的，但西域开通以后，它的影响，远远超出了军事范围。

从西汉的敦煌，出玉门关，进入新疆，再从新疆连接中亚细亚的一条横贯东西的通道，再次畅通无阻。这条通道，就是后世闻名的"丝绸之路"。

"丝绸之路"把西汉同中亚许多国家联系起来，促进了它们之间的政治，经济和军事、文化的交流。

在思想方面，汉武帝采纳董仲舒"罢黜百家，独尊儒术"的建议，使儒学成为了我国社会的统治思想，大力推行儒学，在长安设太学。

儒家学说成为我国封建统治正统思想，一直延续了2000多年，对后世我国政治、社会、文化产生了深远的影响。但是也有弊端，就是不利于思想多元化的发展。

在经济方面，汉武帝致力于重农轻商，整顿财政，征收商人资产税，大力打击奸商；又采取桑弘羊建议，将冶铁、煮盐收归官营，禁止郡国铸钱，统一铸造五铢钱；设置平准官、均输官，由官府经营运输和贸易，大大增强了国家经济实力。

同时兴修水利，移民西北屯田，实行"代田法"，有利于农业生产的发展。在经济方面还有一条重要的举措，就是将当时的货币进行统一。

汉武帝还取消郡国铸币的权力，改由中央朝廷铸造，另外发行新的货币，名"五铢钱"，使仿铸者无利可图。之后汉武帝立五铢钱为全国唯一合法流通的货币，垄断造币的原料和技术，从而一扫私人铸币之风。

西汉文化建设，是在汉武帝时代取得重大突破。汉武帝能够以宽怀之心，广聚人才，给予他们文化发挥的宽阔舞台，诱使他们充分表现自己的文化才干。

汉武帝以独异的文化眼光，使很多人才不致埋没。比如公孙弘、董仲舒、司马迁、司马相如、东方朔、李延年、张骞、苏武、卫青、霍去病等，都在历史上留有盛名。

正是由于汉武帝身边聚集了各种不同类型的人才，因此形成了历史上引人注目的文化盛况。

汉武帝曾经认真反思过去自己施政的所作所为，他利用远征军失利的时机发表了著名的轮台之诏，不再奉行穷兵黩武的政策，使西汉国势得以避免恶化。

汉武帝创造了六个"第一"：第一个用儒家学说统一思想；第一个创立太学培养人才；第一个大力拓展我国疆土；第一个开通西域；第一个用皇帝年号来纪元；第一个用罪己诏形式进行自我批评。

正是由于这些功绩，西汉进入鼎盛时期，也是我国封建时代的第一个盛世。

汉武帝在位54年期间，励精图治，对内广揽人才，创设制度，发

展经济；对外征伐四夷、开通西域，从而使汉王朝走向鼎盛。

汉武帝建立了一个国家前所未有的尊严；他给了一个族群挺立千秋的自信；他的国号成了一个伟大民族永远的名字。

拓展阅读

据民间传说，天上的王母娘娘见汉武帝喜欢求仙访道，十分虔诚，心里头很高兴。

农历七月初七这天晚上，汉武帝又到承平殿祭祀供奉的神仙，这时有青色的鸟从西方飞来，落在承平殿里。当时有个奇人名叫东方朔，一看就说这是青鸟，是西王母的使者。

汉武帝一听，又惊又喜，天天拜神仙求神仙保佑。

王母娘娘对汉武帝虔心敬神十分欢喜，于是当面就许给他开疆扩土、文治武功、江山一统的功业，保佑他江山永固。从那以后，汉武帝果然是成就大业。

汉光武中兴东汉

汉光武刘秀是东汉的开国皇帝，在他统治时期，扫灭新莽，绍续汉业，经济恢复，人口增长。同时整顿吏治，提倡节俭；薄赋敛，省刑法，偃武修文，不尚边功，与民休息；欲抑制豪强势力，实行度田政策等措施，在他当政的中、后期乃至明帝时期，出现了一个马放南山，户门不闭，四夷宾服，家给人足，政教清明的稳定和谐的社会局面。

刘秀统治时期，被史家称为"光武中兴"，也是近代"治世"的代名词。

西汉末年，王莽以禅位这种移转政权的方式，废西汉年幼的皇太子刘婴，改国号为新，年号为"始建国"。但这个短命王朝很快被绿林、赤眉起义推翻。

正当两支起义大军各立天子、相互混战之际，刘秀乘机壮大自己的势力，并最终取得了统一战争的胜利，重建了汉室天下。这就是"东汉"政权。使用的年号分别是建武和建武中元。

东汉封建政权建立后，汉光武帝汲取历史的经验教训，先后采取了一系列加强皇权，缓和阶级矛盾及休养生息的政策措施，使东汉初年达到大治。

汉光武帝首先以优待功臣贵戚为名，赐以爵位田宅，高官厚禄，而摘除其军政大权。

此外，他下诏令司隶州牧各部省减吏员，同时废除西汉时的地方兵制，撤销内地各郡的地方兵，裁撤郡都尉之职，也取消了郡内每年征兵训练时的都试，地方上的防务改由招募而来的职业军队担任。

汉光武帝继承了西汉时期独尊儒术的传统，东汉建立后，即兴建太学，设置博士，各以家法传授诸经。特别是对儒家制造的谶纬之学更是崇拜备至。

在提倡儒学神学的同时，汉光武帝鉴于西汉末年一些官僚、名士醉心利禄，就对王莽代汉时期隐居不仕的官僚、名士加以表彰、礼聘，表扬他们忠于汉室、不仕二姓的"高风亮节"，培养重名节的社会风气，为巩固东汉封建统治服务。

汉光武帝注意民生，与民休息。他在重建刘汉封建政权中，为了瓦解敌军，壮大自己的力量，也为了安定社会秩序，缓和阶级矛盾，曾多次下诏释放奴婢，并规定凡虐待杀伤奴婢者皆处罪，免奴婢为庶人的范围。

这使得奴婢的身份地位较之过去有所提高。同时，在省减刑罚的诏令中，还多次宣布释放刑徒。

汉光武帝鉴于西汉后期吏治败坏、官僚奢侈腐化的积弊，即位以后，注意整顿吏治，躬行节俭，奖励廉洁，选拔贤能以为地方官吏；并且对地方官吏严格要求，赏罚从严。因而经过整顿之后，官场风气为之一变。

东汉初年，针对战乱之后，生产凋敝，人口锐减的情况，汉光武帝实行与民休养生息政策。汉光武帝下诏恢复西汉前期"三十税一"的赋制。并把公田借给农民耕种，提倡垦荒，发展屯田，安置流民，赈济贫民。

这样一来，东汉初年的封建租赋徭役负担，农民安居乐业，生产得到了大大恢复。

东汉三十九年，下诏实施度田，令各郡县丈量土地，核实户口，作为纠正垦田、人口和赋税的根据。州郡

官吏多为豪强地主，不愿如实丈量土地，呈报户口，损害自身的经济利益。

特别是对河南、南阳地区那些"近臣"和"帝亲"的豪强地主，度田官更是不敢对他们度田。一般的豪强地主，也凭借财势与度田官相互勾结，大量隐瞒土地。

度田官则借度田之名蹂躏百姓，不仅丈量农民的小块耕地，而且连住宅村落都丈量在内，把地主的租税负担转嫁到农民头上，引起农民的反抗。

面对两种不同性质的反抗，光武帝采取镇压与安抚并用的手段，把捕到的作乱首领人物迁往他郡，切断他们与原所在郡的联系。经过度田事件后，郡国大姓的抗衡平静下来。

汉光武帝一改以前对少数民族进行征服的大民族主义，从休养生息的总方针出发，确定了自己的一套民族政策，从而为东汉王朝经济的恢复和发展提供了一个和平的外部环境。

比如实行"逸政"安边，不妄开战端；着眼于合作发展，实施扶持政策；试行"以边制边"，采取"自治"政策等。从主流上看，刘秀对周边少数民族采取的是友好、友善、自治、互助的政策，属于以德治边。

这些政策成功地缓和了民族矛盾，避免了大规模的战争。

汉光武帝各项政策措施，都不同程度地得到了实行，为恢复发展社会生产创造了有利的条件，使得垦田、人口都有大幅度的增加，从而奠定了东汉前期八十年间国家强盛的物质基础。

经过几十年的经营，东汉出现了经济繁荣的景象。东汉的农业、手工业都得到了大大发展。铁制农具的改进，牛耕的普及，水利工程的广泛修建，使生产技术大大提高；冶铁技术的改进，使铁的产量大为增加；精美的铜器、漆器、丝织品反映出高超的手工业工艺；通都大邑商业繁荣，商人的足迹远至西域和国外。

汉光武帝经历过战乱的岁月，深知百姓疾苦，也懂得王莽的覆灭

是因为没有看到人民的力量，在治国之道上避免战争，安养民众。

这样，他所统治的10多年间，全国出现了较为安定的局面，经济恢复，人口增加。尽管如此，光武帝仍时常告诫皇太子和文武大臣，少说空话，多办实事，保持和平。

拓展阅读

汉光武帝深谙"中和"之道，并以此道化解了诸多矛盾。即位之初，他根据谶文任命平狄将军孙咸代理大司马，众人都不高兴。于是他就转而采取推举法，结果有吴汉和景丹两个人选。

这时，汉光武帝说："景将军是北州的大将，是大司马这样的人选，但吴将军有重大决策的大功。过去的官制规定，现在骠骑将军的官职可以与大司马相互兼任。"

于是，他任用吴汉为大司马，授任景丹为骠骑大将军。这样一来，两人及群臣都再也没什么意见了。

唐太宗贞观之治

　　唐太宗李世民是唐朝第二位皇帝，是著名的政治家和军事家。

　　在位期间，他任人贤能，知人善用；广开言路，尊重生命，自我克制，虚心纳谏；以农为本，厉行节约，休养生息；文教复兴，完善科举制度；对外开疆拓土，设立安西四镇，使百姓休养生息，各民族融洽相处，国泰民安。

　　这是唐朝的第一个治世，同时为后来的开元之治奠定了厚实的基础。"贞观之治"载誉千秋。

唐太宗李世民早年随父亲李渊进军长安并建立唐朝，他率部征战天下，为大唐统一立下汗马功劳，被封为秦王和天策上将。

626年7月2日，李世民在玄武门附近发动政变，夺位登基，是为唐太宗，年号贞观。

隋末之混乱，使27岁登基、英气勃发的唐太宗认识到"民依于国，国依于民"的道理。他时时引以为戒，叮咛自我克制欲望，嘱咐臣下不要担心皇上不悦而停止进谏，致力纠正前朝君臣猜疑之失，这是唐太宗君臣共济致治的基本因素。

群臣多为贤能之辈，勇于上谏。贤臣中尤以房玄龄、杜如晦最著，时人称"房谋杜断"，其他如李靖、魏征、尉迟恭等，人才辈出，均名重一时。

唐太宗在位期间，使隋制更趋于完善。贞观王朝的三省职权划分是，中书省发布命令，门下省审查命令，尚书省执行命令。

在当时，一个政令的形成，先由诸宰相在设于中书省的政事堂举行会议，形成决议后报皇帝批准，再由中书省以皇帝名义发布诏书。

诏书发布之前，必须送门下省审查，门下省认为不合适的，可以拒绝"副署"。诏书缺少副署，依法即不能颁布。

只有门下省"副署"后的诏书才成为国家正式法令，交由尚书省执行。唐太宗规定自己的诏书也必须由门下省"副署"后才能生效，从而有效地防止了他在心血来潮和心情不好时做出有损他清誉的不慎重决定。进一步说明了贞观王朝的文明程度是何等之高。

他十分重视吏治的清明，曾命房玄龄省并冗员，派李靖等13名黜陟使巡察全国，考察风评；又亲自选派都督、刺史等地方官，并将其功过写在宫内屏风上，作为升降奖惩的依据。

另又规定五品以上的京官轮流值宿中书省，以便随时延见，垂询民间疾苦和施政得失，百官因此自勤自励，提高了朝廷效率。

唐太宗注重法治建设，他曾说："国家法律不是帝王一家之法，是天下都要共同遵守的法律，因此一切都要以法为准。"作为一位万人之上的君主能够说出这样的一番话来，可以说唐太宗不愧是一位开明的皇帝。

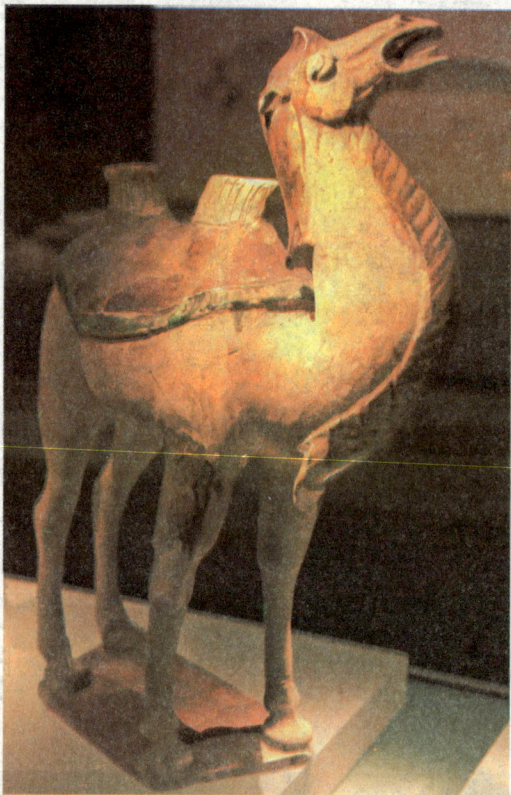

法律制定出来后，唐太宗以身作则，带头守法，维护法律的划一和稳定。在贞观时期，真正地做到了王子犯法与民同罪。执法时铁面无私，但量刑时唐太宗又反复思考，慎之又慎。他说："人死了不能再活，执法务必宽大简约。"

在唐太宗统治下的我国，皇帝率先垂范，官员一心为公，吏佐各安本分，滥用职权和贪污渎职的现象降到了历史上的最低点。

尤为可贵的是：唐太宗并没有用残酷的刑罚来警告贪污，主要是以身示范和制订一套尽可能科学的政治体制来预防贪污。在一个精明自律的统治者面前，官吏贪污的动机很小，贪官污吏也不容易找到藏身之地。贞观王朝是我国历史上唯一没有贪污的王朝，这也许是唐太宗最值得称道的政绩。

由于唐太宗的苦心经营，贞观年间法制情况很好，犯法的人少了，被判死刑的更少。当时政治修明，官吏各司其职，人民安居乐业，不公平的现象少之又少，国人心中没有多少怨气。

据记载贞观三年，全国判死刑的才29人，几乎达到了封建社会法制的最高标准，即"刑措"，也就是不用刑罚。

唐太宗推行均田制和租庸调制，注意轻徭薄赋，徭役的征发不夺民时，从而农业及民生得以不断发展。唐太宗还招抚隋末流民回乡，授田给予耕作，以安定民生。

唐初关中连年灾荒，唐太宗即开仓赈济灾民，又准百姓就食他州；而且拿出御府金帛，为灾民赎回卖出子女，使灾民度过荒年。

唐太宗不歧视商业，为商业发展提供了许多便利条件。在唐太宗的倡导下，这一时期的商业经济有了迅速和长足地进展，新兴的商业城市像雨后春笋般地兴起。当时世界出名的商业城市，有一半以上集中在我国。

唐朝的强盛给统治者在对外关系上带来了无比的自信，因而唐朝开放程度很高，路上、海上丝绸之路贸易兴盛，举世闻名的"丝绸之路"是联系东西方物质文明的纽带，可这条商业通道在唐帝国时才达到她的最高使用价值，成了整个世界的黄金走廊。

唐太宗即位前已置文学馆，有18位学士，即位后更在京设弘文馆，征集图书2万余卷；同时重建地方州县学校，扩充京师国子监，延聘名儒出任学官，生员多至万人，并接受新罗、吐蕃、日本等的君长皆派子弟来华求学，由是时文教生员背景多元，复兴卓然有成。

唐太宗对外武功成就显赫，曾多次对外用兵，先后平定突厥、薛延陀、回纥、高昌、焉耆、龟兹、吐谷浑等。由此，唐朝声威远播，四方宾服，西北各族共尊唐太宗为"天可汗"。

唐太宗贞观年间，松赞干布在吐蕃建立了强大的奴隶制政权。松赞干布非常羡慕唐朝的文化，要和唐朝建立友好关系。

634年，他第一次派遣使臣前往长安访问。唐太宗很快就派使臣回访。从此，汉藏两族关系越来越密切了。后来，文成公主嫁给了松赞干布，成为我国历史上一位献身于汉藏两大民族友好团结伟大事业的杰出女性。

　　唐帝国是当时世界最为文明强盛的国家，首都长安是世界性的大都会。大唐帝国是世界各国仁人志士心目中的"阳光地带"，各国的杰才俊士冒着生命危险也要往唐帝国跑。

　　不仅首都长安，全国各地都有来自国外的"侨民"在当地定居，尤其是新兴的商业城市，仅广州一城的西洋侨民就有20万人以上。

　　唐帝国还接收一批又一批的外国留学生来我国学习先进文化，仅日本的官派的公费留学生就接收了7批，每批都有几百人。民间自费留学生则远远超过此数。

　　这一时期是我国历史上少有的开放时期，外国人入境和我国人出境并没有太严格的限制，即不担心我国人出去后忘本忘祖；也不担心外国人进来后喧宾夺主。仅这一点就说明贞观王朝的高度自信，深信自己的国家是世界上最文明富强的土地，更不会担心外来文化把自己

淹没。

　　唐太宗在位23年，励精图治，对内则整顿国家制度，尊重黎民百姓，安定民生，对外则击败北方强权东突厥，扩大了唐帝国对周边国家的政治及文化的影响。

拓展阅读

　　古时候，把统治者听取不同意见，判断是非，然后采纳正确的意见，叫做"纳谏"。

　　唐太宗很注意纳谏。他问大臣魏征，君王怎样才能"明"，怎样才是"暗"？

　　魏征回答说："兼听则明，偏信则暗。"

　　他非常赞成这个见解。

　　有一次，一个叫李百药的大臣对唐太宗说："以前虽然释放过宫女，但宫中无用的宫女仍然很多。宫里阴气太盛，也会招致天灾。"

　　唐太宗接受了李百药的建议，下令释放宫女，前后放出3000多人。

唐玄宗开元盛世

唐玄宗李隆基在统治前期，其改革措施使政局为之一新。他励精图治，任用贤能，提倡文教，使经济迅速发展，得天下大治，唐朝进入全盛时期。

在这个时期，我国封建社会呈现的前所未有的盛世景象，并成为当时世界上最强盛的国家。

在唐玄宗统治的后期，朝政混乱，社会矛盾十分尖锐，盛唐由此转向了衰落。但是，"开元盛世"一直为国人津津乐道。

李隆基即位以前政局极不稳定，政变接连发生。

712年，李隆基受唐睿宗李旦禅位，改元为先天，后改开元，再改天宝，这就是唐玄宗，也叫唐明皇。

713年，唐玄宗以先发制人的手段消灭了政敌太平公主一伙，结束了混乱局面。

唐玄宗是励精图治的皇帝，很想有所作为。他从即位开始，为了稳定政局，就采取了许多改良措施。

唐玄宗注意选用贤臣，先起用姚崇和宋璟为相，其后又用张嘉贞、张说、李元纮、杜暹、韩休、张九龄为相。他们各有所长，并且尽忠职守，使得朝政充满朝气。而且玄宗在此时也能虚怀纳谏，因此政治清明，政局稳定。

唐玄宗采纳张九龄的建议，制订官吏的迁调制度。在京官中选拔有才识的人派到外地做都督刺史；选外地都督、刺史中有本事的调到朝廷来任职，使他们出入的人数相差不大。这样内外互调，增进中央与地方的沟通、了解和信任。后来把这种调动作为一种制度固定来。

716年，唐玄宗在殿堂亲自复试吏部新选派的县令，把其中不合格的40多人斥退回家。如他重用姚崇和宋璟为宰相，这两个人十分干练，把国事处理得井井有条。人们把他俩跟太宗时的宰

相房玄龄和杜如晦相比，说"前有房杜，后有姚宋"。

唐玄宗将全国分为十五道，于道置采访使，以监督地方州县的官员，并考察地方官吏的政绩。为了选拔人才，唐玄宗后对科举制度作出改革，限制了进士科及第的人数，以减少冗官的出现，提高官吏整体的素质。

政治的安定为社会经济的发展创造了条件，唐玄宗便致力于生产发展，经济繁荣。

唐玄宗十分重视兴修水利，在河北、河南、山西等地兴建了不少水利工程，多者灌田30万亩，少则灌田也不下10万亩（1亩约为0.67公顷）。开元时期，全国共兴建了50多项较大的水利工程。

除了兴修水利，开元年间的手工业和商业也很繁荣。在手工业方面，丝织业的花色品种多，技术高超；陶瓷业的景德青瓷、邢窑白瓷和唐三彩都是工艺品中的珍品。

在商业方面，著名的大都市有长安、洛阳、扬州、成都。

还有长安城内的坊和市，坊是居民宅区，市为繁荣的商业区，以至于长安成为各民族交往的中心，是一座国际性的大都市。

唐玄宗还注重提高军队的素质，开元时，逐步以募兵制代替了府兵制，军队在边境上大兴屯田，这样既加强了边防，又减少了国家的财政开支，同时提高了战斗力。

唐玄宗在东北设忽汗州都督府、黑水都督府和重建营州都督府。在西北重建安西、北庭都护府，并收复了武则天时失去的西城重镇碎叶，加强了西北和东北的边防。

唐玄宗对此蕃、突厥、南诏等族，一贯采取和亲与笼络的政策，从而巩固和发展了统一民族的国家。

松赞干布统一青藏高原后，他仰慕中原文明，几次向唐求婚。唐太宗时就把文成公主嫁给他，文成公主入吐蕃后，带去了许多先进的技术，增进了汉藏之间友好关系。

7世纪末，粟末靺鞨部首领大祚荣统一了周围各部，建立政权。

8世纪初，唐朝又把金城公主嫁到吐蕃赞普尺带珠丹。至此，吐蕃和唐朝已经成为"和同为一家"了。回纥是今天维吾尔族的祖先。

8世纪中期，唐玄宗封回纥首领骨力裴罗为"怀仁可汗"。后来，回纥改名为"回鹘"。

8世纪前期，唐玄宗封大祚荣为渤海郡王，加授渤海都督。从此，粟末靺鞨政权以"渤海"为号。粟末靺鞨有"海东盛国"之称。唐朝管理东北边疆的机构是渤海都督府和黑水都督府。

南诏居民是今天彝族和白族的祖先。南诏首领皮罗阁统一六诏，唐玄宗封他为云南王。

唐玄宗非常重视学术文化发展。他下令在长安、洛阳创建集书院，组织全国著名学者著书立说，还聘请学者来京，如张遂任天文学顾问，李白也应召入宫，对当时文化界有很大影响。

代表诗人这一时期的诗赋成为进士科主要内容。唐玄宗为了撰拔人才，亲自在殿试考核吏部新录取的县令。而且对儒生十分优厚，下令群臣访求历朝遗书，共觅得图书近五万卷，使唐朝的文化事业迈向了顶峰。

唐朝的诗歌创作是我国的黄金时期，流传至今的有2000多位诗人的近5万多首诗歌。

开元年间，社会富足安定，唐朝进入了其最鼎盛的时期。一个小的县城也有万把户人家。稻米十分油润，非常洁白，公家或私人的仓库里都装满了粮食。全国各地都很太平，出远门再也不必挑选好日子。

齐鲁生产的丝织品一车又一车在各地畅销，男子耕种，妇女采桑养蚕，大家安居乐业。历史上把这种全盛的景象称为"开元盛世"。

开元年间的繁荣景象，自然是唐朝百余年来社会发展所积累的成果，并不是唐玄宗君臣一时所能创造出来的奇迹，但这与唐玄宗君臣的孜孜求治，政治比较清明，也是分不开的。但在唐玄宗统治后期，朝政混乱，导致"安史之乱"。这是我国历史一次重要事件，是唐朝由盛而衰的转折点。

拓展阅读

唐肃宗在当太子的时候有一天陪着唐玄宗一起进餐。

餐桌上摆满了各种佳肴，其中有一盘羊腿，唐玄宗就让太子去割羊肉。太子割完羊肉后，见手上都是油污，便顺手拿起一张面饼擦手。

唐玄宗眼睛直盯着他的脸，露出不高兴的神色。

太子擦完手，慢慢地把饼送到嘴边，有滋有味地把饼吃掉了。这时唐玄宗转怒为喜，对太子说："人就应该这样。"

唐玄宗贵为天子，却能这样爱惜粮食，是很不容易的。

天下大治

从五代十国至元代是我国历史上的近古时期。

五代十国时期，各个军事割据势力更迭频繁，没有形成足可称道的"治世"局面。元朝由于连年征战，国内外矛盾尖锐，也没有出现盛世景象。相比之下，只有两宋时期才通过"咸平之治"和"乾淳之治"，使封建政治经济得到发展，民族融合加强。

三位守成君主在他们统治时期内，创造了我国历史上经济与文化较为繁荣的时代。

北宋仁宗盛治

宋仁宗赵祯是北宋第四代皇帝。在他统治的时期，推行"庆历新政"，虽然他没有取得成功，但孜孜以求，力革时弊。他制定了击破西夏攻取中原的战略，平定了侬智高叛乱。他节俭爱民，关心文化事业，使国家安定太平，经济繁荣，科学技术和文化得到了很大的发展。

"仁宗盛治"受到历代政治家和历史学家的称赞，对后世很有影响。

赵祯于1015年被封寿春郡王，1018年立为太子，1022年即位，是为宋仁宗。初由刘太后垂帘听政，1033年，刘太后去世后，宋仁宗开始亲政。宋仁宗刚刚执政时，官僚队伍庞大，行政效率低，人民生活困苦，辽和西夏威胁着北方和西北边疆。

1043年，范仲淹、富弼、韩琦同时执政，欧阳修、蔡襄、王素、余靖同为谏官。宋仁宗责成他们在政治上有所更张，以"兴致太平"。

范仲淹与富弼提出明黜陟、抑侥幸、精贡举等10项以整顿吏治为中心的改革主张。欧阳修等人也纷纷上疏言事。宋仁宗采纳了大部分意见，施行新政。

首先是澄清吏治。包括5项内容：一是明黜陟。改革文官三年一次循资升迁的磨勘法，注重以实际的功、善、才、行，提拔官员，淘汰老病愚昧等不称职者和在任犯罪者；二是抑侥幸。严格恩荫制，限制中、上级官员的任子特权，防止权贵子弟亲属垄断官位；三是精贡举。改革贡举制，令州县立学，士子必须在学校学习一定时间方许应举。改变专以诗赋、墨义取士的旧制，注重策论和操作；四是择长官。慎选地方长官，由中书、枢密院慎选各路、州的长官。由各路、州长官慎选各县的长官，择其举主多者尽先差补；五是均公田。重新规定官员按等级给以一定数量的职田，调配给缺乏职田的官员，防止

贪赃枉法。

其次是富国强兵。包括3项内容：一是厚农桑。由朝廷帮助人民兴利除害，如开渠河、筑堤堰；二是修武备。主张恢复府兵制，先从近畿实行在渐及诸路；三是减徭役。主张省并户口稀少的县邑，以减其地人民的徭役。

最后是厉行法治。包括两项内容：一是重命令。针对朝廷过去颁布的法令"烦而无信"的弊病，提出朝廷今后颁行条令事先必须详议，审定成熟后再颁行天下，一旦颁行，必须遵守，不得随意更改，否则要受到惩处；二是推恩信。广泛落实朝廷的惠政和信义。主管部门若有人拖延或违反赦文的施行，要依法从重处置。

除此之外，必须向各路派遣使臣，巡察那些应当施行的各种惠政是否施行。这样，就不会发生阻隔皇恩的各种现象了。

1043年底，范仲淹选派了一批精明干练的按察使去各路监察官吏善恶。他坐镇中央，每当得到按察使的报告，就翻开各路官员的花名册把不称职者的名字勾掉。

在范仲淹的严格考核下，一大批尸位素餐的寄生虫被除了名，一批干才能员被提拔到重要岗位，官府办事效能提高了，财政、漕运等有所改善，暮气沉沉的北宋政权开始有了起色。朝廷上许多正直的官员纷纷赋诗，赞扬新政，人们围观着改革诏令，交口称赞。

这场改革直接触犯了封建腐朽势力，限制了大官僚的特权，他们对此恨之入骨，随着新政推行逐渐损害他们的利益，便集结在一起攻击新政。最后，宋仁宗不得不下诏废弃一切改革措施，并解除了范仲淹等人的职务。

庆历新政是北宋王朝在开国已久之后，统治阶层试图拯救时弊，富国强兵的变法活动，虽然最终都归于失败，但是对北宋历史的发展起到了巨大的影响，为王安石变法起到了投石问路的先导作用。

宋仁宗在位期间，最主要的军事冲突在于西夏。夏景宗李元昊即位后改变其父夏太宗李德明国策，展开宋夏战争，延州、好水川、定川三战宋军皆有失利之处，韩琦、范仲淹更在好水川之战后被贬。

至定川之战，西夏分兵欲直捣关中，但西夏军遭到了宋朝原州知州景泰的顽强阻击，全军覆灭，西夏攻占关中的战略目标就此破灭。

西夏因连年征战国力难支，最后两国和谈：夏向宋称臣，宋每年赐西夏绢13万匹，银5万两，茶10000千克，史称"庆历和议"。取得了近半世纪的和平。

1052年，侬智高反宋，军队席卷广西、广东等地。宋仁宗任用狄

青、余靖率兵南征。

1053年，狄青夜袭昆仑关，大败侬智高于归仁铺之战。次年，侬智高死于大理国，叛乱被彻底平息。

宋仁宗是宋代帝王中的明君圣主。他性情宽厚，对人仁慈宽厚，不事奢华，还能够约束自己。史书中记录了他大量严于律己的故事。

有一次，时值初秋，官员献上蛤蜊。宋仁宗问从哪里弄来的，臣下答说从远道运来。又问要多少钱，答说共28枚，每枚1000钱。

宋仁宗说："我常常告诫你们要节省，现在吃几枚蛤蜊就得花费2800钱，我吃不下！"他也就没有吃。

还有一次，宋仁宗在散步的时候，时不时地就回头看，随从们都不知道皇帝是为了什么。宋仁宗回宫后，着急地对嫔妃说道："朕渴坏了，快倒水来。"

嫔妃觉得奇怪，问道："为什么在外面的时候不让随从伺候饮水，而要忍着口渴呢？"

宋仁宗说："朕屡屡回头，但没有看见他们准备水壶，如果我要是问的话，肯定有人要被处罚了，所以就忍着口渴回来再喝水了。"

包拯在担任监察御史和谏官期间，屡屡犯颜直谏，唾沫星子几乎飞溅到宋仁宗脸上，但宋仁宗一面用衣袖擦脸，一面接受他的建议。

有一次包拯要拿掉三司使张尧佐的职务，理由是他平庸了些。张尧佐是宋仁宗宠妃的伯父，有点为难，想了办法，让张尧佐去当节度使。包拯还是不愿意，言辞更加激烈，带领7名言官与宋仁宗理论。张尧佐最终没能当成节度使。

"包青天"其实是政治清明的产物。如果皇帝不清明，就不会有包青天产生的政治环境。所以，从一定意义上说，是宋仁宗的善于纳谏还成全了千古流芳的包拯。

宋仁宗一朝不仅出现了包拯，还出现了"先天下之忧而忧，后天下之乐而乐"的范仲淹，以及倡导文章应明道、致用，领导北宋古文运动的欧阳修。

还有，柳永"忍把浮名，换了浅斟低唱"，他好不容易通过了考试。但在宋仁宗看来，他不适合做官，还是填词的好，就给画掉了。

宋仁宗说："且去浅斟低唱，何要浮名？"

柳永于是反唇相讥，说是"奉旨填词"。讥讽宋仁宗的柳永不但没被杀头，填词也没受影响，而且填得更加放肆，这就非同寻常了。

一个惧怕大臣的皇帝，一般来说会赢得人民的热爱的，这个王朝的天也会比较清亮。而宋仁宗关心文化事业，也正说明了这一点。

宋仁宗在位时，曾多次关心文化事业。当时的三馆秘阁藏书多谬乱不全，宋仁宗诏翰林学士王尧臣、史馆检讨王洙、馆阁校勘欧阳修等人进行编次和整理，于1041年成《崇文总目》66卷，是北宋一部重要的官修目录。

后又下诏开购赏科，以广献书之路。规定每献一卷馆阁所缺之书，赏丈绢一匹，如果献500卷，就给予职务。又下令编撰《嘉祐搜访阙书录》一卷，作为搜访依据。

宋仁宗对读书人比较宽容，不兴文字狱。

有一次一个考生参加进士考试，在试卷里写道："我在路上听人说，在宫中，美女数以千计，终日里歌舞饮酒，纸醉金迷。皇上既不关心老百姓的疾苦，也不跟大臣们商量治国安邦的大计。"

考官们认为这个考生无中生有、恶意诽谤，宋仁宗却说："朕设立科举考试，本来就是要欢迎敢言之士。这个人敢于如此直言，应该特与功名。"

当时四川有个读书人，献诗给成都太守，主张"把断剑门烧栈阁，成都别是一乾坤"。成都太守认为这是明目张胆地煽动造反，把他缚送京城。

按照历朝历代的律条，即使不按"谋大逆"严惩，起码也得按"危害国家安全"治罪，宋仁宗却说："这是老秀才急于要做官，写一首诗泄泄愤，怎能治罪呢？不如给他个官"，就授其为司户参军。

作为一个封建帝王，容考生无中生有的事，或许有人能做到，但容四川秀才的事，恐怕没几人能做到。

拓展阅读

一天，宋仁宗处理事务到深夜，又累又饿，很想吃碗羊肉热汤，但他忍着饥饿没有说出来。

第二天皇后知道了就劝他："陛下日夜操劳，想吃羊肉汤，随时吩咐御厨就好了，怎能忍饥使陛下龙体受亏呢？"

仁宗对皇后说："宫中一时随便索取，会让外边看成惯例，我昨夜如果吃了羊肉汤，御厨就会夜夜宰杀，一年下来要数百只，会形成定例，日后宰杀之数不堪计算，为我一碗饮食，创此恶例，且又伤生害物，于心不忍，因此我宁愿忍一时之饿。"

宋孝宗乾淳之治

　　宋孝宗赵昚是南宋第二位皇帝，被普遍认为是南宋最杰出的一位皇帝。孝宗在位期间，专心理政，积极整顿吏治，裁汰冗官，惩治贪污，加强集权，努力收复中原，重视农业生产，兴修水利，创造了南宋中期的太平盛世。

　　当时政治清明，社会经济繁荣发展，民生富庶，民和俗静，家给人足，牛马遍野，余粮委田，五谷丰登，人民安居乐业，文化昌盛，出现了天下康宁的升平景象，后来被史家称为"乾淳之治"。

宋孝宗赵昚是宋太祖赵匡胤七世孙。1162年，宋高宗赵构让位于赵昚，是为宋孝宗，定年号隆兴，后改乾道、淳熙。宋孝宗在位时，专心理政，励精图治，是南宋名副其实的中兴之主。

南宋王朝自建立以来，一直在金国的威胁之下，此时的南宋，内部问题多多，士风日下。官俸和军费占了国家大量的财政收入，况且高宗朝政府的税不断加重，致使民怨四起。

宋孝宗即位之初，就开始着手革除南宋初期以来政治上的种种弊端。他积极整顿吏治，安定民心，改变以往赈灾方式，就是社仓法。又改变盐钞，将官府拖欠盐商的钱还给盐商，又放宽了盐的专卖。

孝宗取消了很多加耗，裁汰冗官，加大对贪官污吏的惩治力度，严格官吏的考核，甚至亲自任免地方中下级官吏，不合格的都予以革职。

孝宗尽量减少不必要的开支，还常召负责财政的官吏进宫，详细询问各项支出和收入，认真核查具体账目，稍有出入，就一定要刨根问底。

为了革除时弊，宋孝宗一直保持着事必躬亲的作风。这固然是为了把权力集中在自己手中，但作为一个皇帝，自始至终能够孜孜不倦

地处理政事，还是十分难得的。

宋孝宗注意发展生产，减轻人民负担。他不仅屡次下诏减轻人民负担，而且非常注重实效性。

例如，南宋初年以来，经常提前征收本税季的田赋，称为"预催"。夏税虽然规定是8月15日纳毕，而主管税收的户部却规定，7月底以前就要送到首都临安。

至宋孝宗时，已提前到5月，甚至4月送到户部，各地必须三四月就要征收，而此时的农作物根本没有成熟，虽然多次下诏禁止，但户部不执行。因为，每年四五月指靠预催到的61万贯折帛钱供开支使用，若不预催，恐怕会出现延误。

于是参知政事龚茂良便提出，将户部原先的每年八月向南库借的60万贯钱，提前到四月上旬借用，"户部自无缺用，可以禁止预催之弊"。

宋孝宗下诏，此后必须按照规定时间收田赋，违者劾奏。拖延多年的预催问题，在宋孝宗亲自干涉下终于得到了解决，至少在宋孝宗时期因而出现"民力少宽"。

在当时，地方官常以"羡余"名义进奉钱财，希望得到皇帝的恩宠。宋孝宗不接受地方官进献的"羡余"。但有的地方又将所谓的若干"支用剩钱"作为羡余进献，宋孝宗则诏令将此钱即作为贫困农户的税钱，并规劝官员为民多办实事。

宋孝宗经常督促地方官兴修水利，而且还注重水利的实效，对于那些失职官员给予降官以示惩罚。有的史料说宋孝宗时"水利之兴，在在而有，其以功绩闻者既加之赏矣，否则罚也必行，是以年谷屡登，田野加辟，虽有水旱，民无菜色"，虽不无夸张，但大体反映了当时的情况。

宋孝宗即位之初，立即下诏将会子加盖"隆兴尚书户部官印会子之印"，以表明是由朝廷户部发行的纸币，增加其权威性，以促进其流通。

由于政策恰当，保持了纸币币值的稳定与流通，不仅促进了商品经济的发展，也是宋孝宗时社会经济繁荣兴盛的反映。

宋孝宗不仅努力发展生产，兴修水利，还轻徭薄赋。

比如宋孝宗在取消无额上供钱时说："既无名额，则是白取于民。"因此这一项被取消。又如遇到灾荒，宋代例将当年税赋移到丰收年，分为两或三年补纳，宋孝宗也说既是灾荒，不应再收税赋，下诏不准到丰年再补收。

福建路兴化军自建炎三年起每年以"犹剩米"为名，额外征收2.4万多石供应福州，孝宗于乾道元年减去一半，至乾道八年又将剩

余部分全部减免。又如徽州自唐末五代初陶雅任郡守时，增收的额外"科杂钱"1.2万多缗，一直沿征了260多年，直到乾道九年才免除。

宋孝宗一改北宋后期与南宋初期，树一派打一派的学术政策，他对主流学派王安石新学及新兴起来的程朱理学，主张兼容并蓄，共同发展。沉寂了30多年的苏氏蜀学，在宋孝宗即位后重新兴起。

宋孝宗为苏轼文集作序赞扬，并追谥苏轼"文忠"、苏辙"文定"，追赠苏轼太师，对苏氏蜀学的发展起到推动作用。

正是宋孝宗倡导的百家争鸣、共同发展的学术环境，才使得诸子之学各有所长。不仅有理学派代表人物，也有新学派的王安石和王雱，以及蜀学派的苏轼。

由于有这样的社会环境，才造就了一大批卓有成就的文人学者。其时，不仅有著名的思想家朱熹、陆九渊、陈亮、叶适；还有著名的文学家，如陆游、范成大、杨万里、尤袤，著名词人辛弃疾等，他们都活跃在宋孝宗时期。

宋孝宗平反岳飞冤狱，起用主战派人士，锐意收复中原。为此，他重视军事的发展，努力整军兴武，在5年间，先后举行了3次大规模的阅兵，还积极选拔将领，自己也学习骑射。南宋的军队战力有很

大的提高。

他先后派遣使臣范成大和赵雄出使金国。首先是要回河南，其次是改变宋朝皇帝接受金国使臣递交国书时，亲自下殿去取的礼仪。这两条都遭到了金世宗的拒绝。

在宋孝宗想和平达到目的未能实现后，只好寄托于武力解决了，于是又开始整军备战。他准备让虞允文率一军从川陕主攻，自己亲领一军在淮南出师，兵分两路伐金。

正当他等待虞允文的消息时，虞允文却在四川病死。致使宋孝宗的计划成为泡影。

当时，主张抗金的大臣张浚已于和议前去世，宋孝宗转而依靠指挥采石之战的虞允文。宋孝宗决定采取分别从江淮、四川东西两路攻金的策略，因而任命虞允文为四川宣抚使。

此前一年，宋孝宗还将三衙之一的侍卫马军司移屯建康，以建康作为宋军东路的前进基地。

虞允文病死后，宋孝宗虽然也整军练武，积极做好攻金的准备，又几次以接受金朝国书仪式不平等而发难，企图以之激化矛盾，引发军事对抗。

然而，宋孝宗北上抗金、收复中原的主张，既受制于太上皇宋高宗，又得不到大臣们的支持，每次都以太上皇有旨而姑听仍旧。以孝顺著称的宋孝宗不可能一点都不听。

后来，始终制约宋孝宗的太上皇宋高宗，直至81岁去世时，宋孝宗已是年过60的花甲老人了。

宋孝宗不愧是宋太祖赵匡胤的后人，一反宋高宗时卑躬屈膝的投降路线，一心想恢复中原，他的这种积极进取，蓬勃向上的精神是值得称道的。

宋孝宗在位期间，在内政上积极整顿吏治，裁汰冗官，惩治贪污，加强集权，重视农业生产。总体说来，宋孝宗在位时期，是南宋政治上最清明，经济、文化最繁荣兴盛的时期。

拓展阅读

据说有一天，宋高宗在杭州享乐，兴致极佳，突然有人禀报，出使金国的使者已回。宋高宗放下闲情逸致，召见使者。

据使者说，金国的皇帝金太宗长得酷像宋太祖，并扬言要夺回本来就是他的皇位。

宋高宗听了十分扫兴。就在当天晚上，他梦见宋太祖黄袍加身，属下高呼万岁，可宋太祖突然翻了脸，恶狠狠地对宋高宗说："皇位是我们赵家的！"

宋高宗立刻惊醒，默默地想把皇位传给太祖后人。这个人就是后来的宋孝宗赵眘。

繁荣时代

　　明清两代是我国历史上的近世时期。我国的君主制历史特别长，尤其至明清两代，封建君主专制达到巅峰。专制主义下的乾纲独断，使得君主的水平影响到国计民生乃至整个国家的命运。

　　事实上，明清两代所开创的"治世"局面，融合了多种文化元素。在对明清两代世相升平景象的描述中，我们不难感受其经济繁盛与文化昌明。这对走向民族复兴的中国人来说，应该是一次颇多教益的精神之旅。

明太祖洪武之治

　　明太祖朱元璋是明朝开国皇帝，他是一位雄才大略，励精图治的君主。

　　在他统治期间，发展经济，实行一系列休养生息、发展农业和工商业生产的措施；整顿吏治，严惩贪官污吏；多次北伐，肃清元朝残余势力；提倡文教，广设学校，讲习社会之礼，使得天下大治，呈现出繁荣的景象。

　　"洪武之治"一直是史家常议常新的话题。

朱元璋于1368年在南京称帝，国号大明，是为明太祖，年号洪武。出身寒微、放过牛、当过和尚的朱元璋在元末农民起义中纵横捭阖，力挫群雄，终于平定四海，统一宇内。

明朝建立伊始，由于元末统治者残酷的压迫和剥削，加上长期战乱，社会经济受到严重的破坏，致使大量土地荒芜，居民减少，漂泊流浪，呈现出萧条的状况。

明太祖善于总结历代王朝兴衰的经验教训，又亲身参加过元末农民大起义，比较了解百姓的要求，懂得治乱安危的关键是百姓境遇的好坏。

他实行了发展生产，与民休息的政策，以达到长治久安的目的。

他对来朝见的外地州县官们说："天下初定，老百姓财力困乏，像刚会飞的鸟，不可拔它的羽毛；如同新栽的树，不可动摇它的根，重要的是休养生息。"

1370年，明太祖接受大臣实行"民屯"的建议，鼓励开垦荒地。

并下令：北方郡县荒芜田地，不限亩数，全部免3年租税。他还采取强制手段，把人多地少地区的农民迁往地广人稀的地区；对于垦荒者，由朝廷供给耕牛、农具和种子；并规定免税3年，所垦之地归垦荒

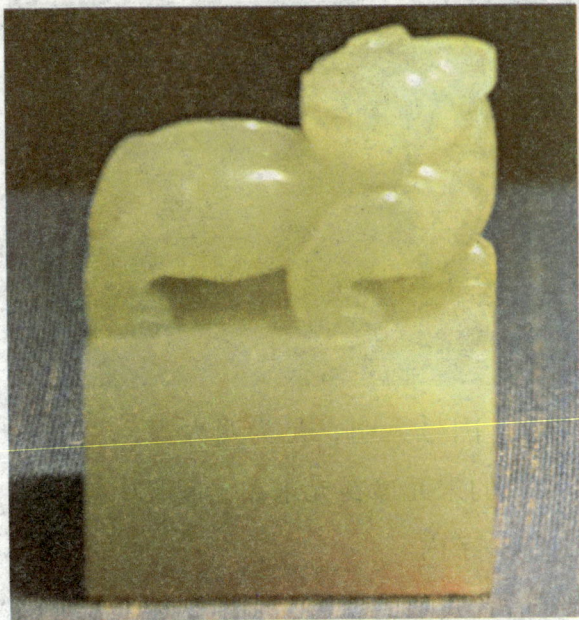

者所有；还规定，农民有田5至10亩（1亩约为0.67公顷）的，必须栽种桑、棉、麻各半亩，有田10亩以上者加倍种植。这些合理的措施，大大激发了农民垦荒的积极性。1393年，民户达1605万户，人口达6054万人，垦地面积达850万顷（1顷约为6.67公顷）。

明初还设有军屯和商屯。军屯由卫所管理，官府提供耕牛和农具。

军粮基本上自给自足；商屯是指商人在边境雇人屯田，就地交粮，省去了贩运费用，获利更丰。商屯的实行，解决了军粮问题，同时也开发了边疆。

为了恢复和发展生产，明太祖十分重视兴修水利和赈济灾荒。

在即位之初，明太祖就下令，凡是百姓提出有关水利的建议，地方官吏须及时奏报，否则加以处罚。至1395年，全国共开塘堰大约40000余处，疏通河流大约4000多条，成绩卓然。

在明太祖积极措施的推动下，农民生产热忱高涨。明初农业发展迅速，元末农村的残破景象得以改观。农业生产的恢复发展，促进明代手工业和商业的发展。明太祖的休养生息政策巩固了新王朝的统治，稳定了农民生活，促进了生产的发展。

为了彻底解决蒙元贵族的残余势力，洪武帝从明朝建立开始就不断北伐。

1369年，明军追击北元残余势力，俘虏丞相以下1万余人，北元皇帝逃到漠北几百千米外。

1370年，明军再次北伐，于沈欲口大破元军主力王保保，俘虏文济王以及国公阎思孝、虎林赤、察罕不花、韩扎儿等10万余人。

1387年，明军越过长城，轻骑雪夜奔驰，偷袭元军大寨，最后在蒙古捕鱼儿海大败元军，俘虏北元残余势力8万人。蒙古从此一蹶不振，分裂为鞑靼、瓦剌、兀良哈三大部。

明太祖为了政权的稳固，积极清除权臣。明初，官僚机构基本上沿袭了元朝，明太祖逐渐认识到其中的弊病，于是进行了改革，废除了行省制。

1376年，明太祖宣布废除行中书省，设立承宣布政使司、都指挥使司和提刑按察使司，分别担负行中书省的职责，三者看似分立，但又互相牵制，防止了地方权力过重。

明太祖出身贫苦，从小饱受元朝贪官污吏的敲诈勒索，他的父母及长兄就是死于残酷剥削和瘟疫，自己被逼迫从小出家当和尚。所以，在他参加起义队伍后就发誓：一旦自己当上皇帝，先杀尽天下贪官。

后来他登基皇位不食言，果然在全国掀起轰轰烈烈的"反贪官"运动，矛头直指中央到地方的各级贪官污吏。

首先，对贪污六十两银子以上的官员格杀勿论。其次，敢于从自己身边"高干"开刀。第三，对自己培养的干部决不姑息迁就。第四，制定整肃贪污的纲领，即《大诰》。

正是因为明太祖在惩治救灾不力及漠视民瘼官员方面雷厉风行，决心之大，力度之强，绝不手软，官场为之一振，吏治得以整肃，各级朝廷日趋高效，救灾恤民成为朝廷及各级官员之急务。凡此，为"洪武之治"的出现提供了保障。

在军事上，明太祖废除了管理全国军事的大都督府，将其分为中、左、前、后、右五军都督府，分领在京各卫所和在外各都司。

都督府所管仅是兵籍和军政，不能直接统率军队。军官的选授权在兵部，而军队的调遣和最高指挥权则在皇帝。

打仗时，兵部奉旨调兵，并秉承皇帝意旨，任命总兵将官，发给印信。战后，统兵官交还印信，士兵回归原来卫所。

在军队编制方面，自京都至府县，都设立卫所。府县各卫归各省都指挥使司管辖，各都指挥使司又分别归统于中央的五军都督府。

京都的卫军分两种，一是五军都督府分统的四十八卫军。明成祖时，定名"五军"，增到七十二卫，并添设三千营和神机营，与五军合称"京军三大营"。三大营是全国卫军的精锐。据估计，洪武后期全国兵额约180万以上，永乐时增至280万左右。

明太祖在创立明王朝的过程中认识到，元朝之所以灭亡，除了统治者本身的素质以外，整个社会失于教化也是一个原因。因此，一登上皇位，他就采取了一系列强制措施，兴建学校，选拔学官，并坚持把"教育工作"作为衡量地方官政绩的重要指标。

为了选拔能听命于皇帝的官吏，明朝朝廷规定科举考试只许在"四书五经"范围内命题，考生只能根据指定的观点答卷，不准发挥自己的见解。答卷的文体，必须分成8个部分，称为"八股文"。

1375年，明太祖诏令天下立社学，府、州、县每50家要设社学一所，用于招收8岁至15岁的民间儿童入学。儿童入学后先学习《三字经》、《百家姓》、《千字文》等，然后学习经、史、历、算等知识，同

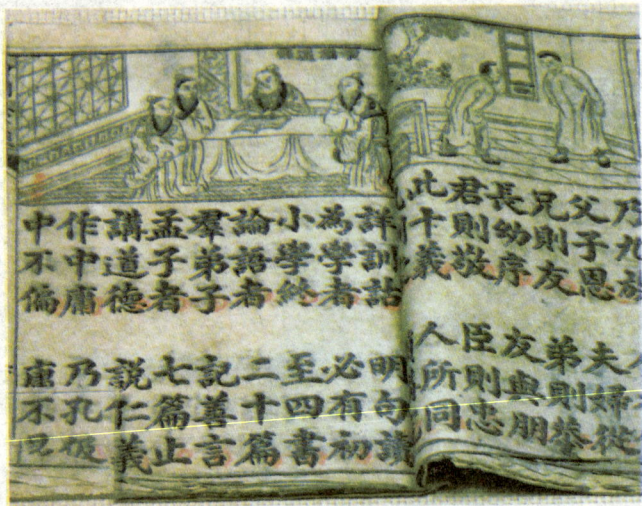

时必须兼读《御制大诰》、明朝律令，另外还要讲习社会之礼。

洪武年间文化教育虽不若唐宋之风，但对于元末之文化衰退而言，明太祖之功也不可小觑。

明洪武时期，天下初定，百废待兴，天灾频发，民生多艰。但也正因为如此，明太祖宵旰图治，以安生民，终于形成一个治世局面。

拓展阅读

对于朱元璋的滥杀，皇太子朱标深表反对，曾进谏说："陛下诛戮过滥，恐伤和气。"

当时朱元璋没有说话。第二天，他故意把长满刺的荆棘放在地上，命太子拣起。

朱标怕刺手，没有立刻去捡，于是朱元璋说："你怕刺不敢捡，我把这些刺去掉，再交给你，难道不好吗？我杀的都是对国家有危险的人，除去他们，你才能坐稳江山。"

朱标却说："有什么样的皇帝，就会有什么样的臣民。"

朱元璋大怒，拿起椅子就扔向太子，朱标只好赶紧逃走。

明成祖永乐盛世

　　明成祖朱棣是明朝第三位皇帝。他统治期间采取了许多措施大力发展经济，使社会安定，国家富强。《明史》描绘朱棣雄才大略、励精图治，发展经济，提倡文教，改革吏治，使得天下大治，并且宣扬国威，大力开拓海外交流，以至称赞该时期"远迈汉唐"。

　　明成祖不仅完善文官制度，还扩张领土面积，使国家更加强大。他统治时期称为"永乐盛世"，明成祖也被后世称为"永乐大帝"。

明成祖朱棣是明朝的第三代皇帝，明太祖朱元璋第四子，生于应天，时事征伐，受封为燕王。

1402年夺位登基，是为明成祖，改元永乐。后来迁都北京后，北京从此成为我国的政治中心。

从登基时起，明成祖就致力于各方面的改革。他极力肃整内政，巩固边防。在文化事业上，加强儒家文化思想的统治，大力扩充国家藏书。

1403年7月，明成祖命解缙、姚广孝、王景、邹辑等人纂修大型的类书，至1408年11月编成《文献大成》，即《永乐大典》，共22877卷，装成11095册。

《永乐大典》是我国古代编纂的一部大型类书，收录入《永乐大典》的图书均未删未改，是最大的百科全书，收录上至先秦下达明初的古代重要典籍达七八千种之多，也是当时世界上最大的百科全书，比18世纪中叶出版的《大英百科全书》和《法国百科全书》还要早300多年。

《永乐大典》藏于"文渊阁"中，对保存古代文化典籍，有重要贡献，是中华民族珍贵的文化遗产。

明成祖为开展对外交流，扩大明朝的影响，与世界各国建立了友好关系。

1405年，明成祖派遣宦官郑和为正使，王景宏为副使，率水手、官兵27800人，乘"宝船"62艘，远航西洋。

明朝舰队从苏州刘家港出发，至占城、马来西亚的马六甲、印度尼西亚的爪哇、苏门答腊及锡兰等地，经印度西岸折回返国。

以后又于1407年至1433年的20多年间，先后7次出海远航，经过30多个国家，最远曾达非洲东岸、红海和伊斯兰教圣地麦加，成为明初盛事。

这就是伟大的郑和下西洋。

明成祖还多次派遣吏部验封司员外郎陈诚、中官李达等官员出使西域诸国，西域诸国如帖木儿帝国、吐鲁番、失剌斯、俺都淮、火州

也与明朝多次互派使者往来，称臣纳贡。明朝与西域诸国加强了政治、驻军和贸易往来，使得全国的统一形势得到进一步发展和巩固。

永乐时期派使臣来朝者达到了30余国，中亚的帖木儿帝国也与明朝多次互派使者往来。其中浡泥王和苏禄东王亲自率使臣来中国，不幸病故，分别葬于南京和德州。

1406年，明成祖出兵占领安南，即今越南。1407年，在河内设立了交趾布政司，也就是行省，下设15府、6州、200余县。后因当地人民反抗激烈，明朝廷于明宣1427年放弃，安南恢复黎氏王朝。

1409年，明朝在黑龙江下游东岸特林地方，设立了奴儿干都指挥使司，管辖今黑龙江、乌苏里江、松花江流域和库页岛等130多个卫所。

在明成祖永乐年间，明军多次北伐，边境形势一度改观。

1410年，明成祖为了彻底解决蒙元贵族的残余势力，御驾亲征率领明军北伐漠北。这次北伐，明军在飞云山大战中击破五万蒙古骑，迫使蒙古本部的鞑靼向明朝称臣纳贡，永乐帝封鞑靼大汗为和宁王。

随后明朝大军一直进入到极北的擒狐山，在巨石上刻字为碑"翰海为镩，天山为锷"。

1414年，永乐帝举行第二次北伐，击败了蒙古另一部瓦剌，瓦剌遣使谢罪之后，永乐帝班师回朝。

1421年，永乐帝举行了第三次北伐，大败兀良哈蒙古。蒙古势力遭到永乐帝的连续打击后，直到明英宗的土木之变前都无法对明朝构成威胁，但即使是土木之变，明朝也动员兵马取得了北京保卫战的最终胜利。

明中叶以后，随着蒙古的再次崛起，边境再次南移。并修建长城以防御蒙古，在长城沿线设置九边重镇加强防御。

长城也成为明中后期的北边，同时也是农耕区与游牧区的界线。

明成祖即位之初，对洪武、建文两朝政策进行了某些调整，提出"为治之道在宽猛适中"的原则。他利用科举制及编修书籍等笼

络地主知识分子，宣扬儒家思想以改变明初嗜佛之风，选择官吏力求因材而用，为当时政治、经济、军事等方面的发展奠定了思想和组织基础。

明成祖所完善在文官制度在朝廷中逐渐形成了后来内阁制度的雏形。这个内阁制度被西方国家所效仿，一直延续至21世纪。

明成祖首先重建了在动乱的内战中陷于混乱的帝国的官僚体制。一方面他保留了洪武帝的基本行政结构，一方面他的改组又注入了革新的内容，以矫正从前时代安排上的失误和适应变化中的需要。

第一步是先组建新的内阁，使之作为皇帝和官员之间的联系桥梁而在内廷发挥作用；这样就弥补了取消外廷的中书省之后所引起的结构上的缺点。内阁马上变成了官僚政制的主宰，并且作为文官朝廷中的主要执行机构来进行工作。

第二步是重新组织了监视网，以确保他的地位的安全，同时用它来监察弊政。为了获取情报，他不仅依靠文官政制中的监察和司法官员，他也依赖自己的宦官和锦衣卫。宦官们作为皇帝的私人仆役又直接听命于皇帝，对皇帝公开表示绝对的忠诚，并且准备随时执行交给他们的任何任务。

1420年，在北京设了特殊的调查机构东厂，这个机构交给宦官掌管，从来不受正规司法当局的辖制。它是一个治安保卫机关的牢狱，直至明朝的灭亡。

为了加强帝位的安全程度，又重建锦衣卫来协助宦官搞调查工作。他征调了信得过的许多军官做它的指挥使，授予这些指挥使以各种秘密调查之权，还授权让他们拘捕和处罚一切被怀疑向他的权力进行挑战的人。

明成祖对各地方官吏要求极为严格，要求凡地方官吏必须深入了解民情，随时向朝廷反映民间疾苦。

1412年，明成祖命令入朝觐见的地方官吏五百余人各自陈述当地的民情，还规定"不言者罪之"。之后，又宣布地方官或中央派出的民情观察员，如果看到民间疾苦而不实报的，要逮捕法办。对民间发生了灾情，地方上要及时赈济，做到朝告夕应，无有壅塞。

在民族交流方面，明成祖隆重接待西藏又具有巨大实力的宗教人物得银协巴，并由此与西藏的其他各方面的宗教领袖建立关系。1413年，萨迦派的教长应邀来北京。他也受到隆重接待，并于1414年由宦官护送回藏。

此后萨迦派的住持继续派使团来我国，直至15世纪30年代。当时最伟大的宗教人物宗喀巴曾经与明朝朝廷交换礼物并派去使团。

明成祖还想方设法要把诸女真部落纳入纳贡制

度之中。明朝廷设立了一系列的驿站，以便与住在偏远的北方的女真人联系。为女真人设立了边境集市，少数集团获准在辽东的我国边境境内或邻近之地和在北京之北定居。定居者到得了礼物和粮食，有些部落领袖还接受了低官阶的武职和官衔。他们则报之以向明朝廷进贡土产品。

明朝的领土初年东北抵日本海、鄂霍次克海、乌地河流域，后改为辽河流域；北达戈壁沙漠一带，后改为今长城；西北至新疆哈密，后改为嘉峪关；并曾在今满洲、新疆东部、西藏等地设有羁縻机构。明成祖时期甚至短暂征服并统治安南。

1415年，明朝领土面积达到约735万平方千米。

明成祖比明朝的开国皇帝对以后明代历史的进程更具影响。他留给了明代后来的君主们一项复杂的遗产：一个对远方诸国负有义务的

帝国，一条沿着北方边境的漫长的防线，一个具有许多非常规形式的复杂的文官官僚机构和军事组织，一个需要大规模的漕运体制以供它生存的宏伟的北京。这份庞大的历史遗产，只有在一个被帝国理想所推动的领袖领导下才能够维持。

拓展阅读

据说朱棣在北平当燕王的时候，认识个叫道衍的和尚。道衍一见朱棣，就说："要是有我帮着您，保准让大王您戴上一顶'白'帽子。"

朱棣一听就明白了：自个儿现在是王，"王"字上再戴上个"白"帽子，也就是说，"王"字上加"白"字，不就是"皇"字吗？噢，这和尚是想帮着自己当皇帝呀！朱棣很高兴，就把道衍留了下来。

时隔不久，朱棣在北平起兵，最后做了皇帝。道衍给朱棣出了好些主意，朱棣也让道衍做了大官。

明朝仁宣之治

明仁宗朱高炽和明宣宗朱瞻基多有建树，采取了宽松治国和息兵养民的政策。仁宗时发展生产，与民休息；宣宗时实行重农政策，赈荒惩贪。

经过仁宣之治，政治清明、法纪严明，经济繁荣、仓廪充实，百姓安居、民心顺畅，蔚然有治平之象，形成了明代早期国泰民安的升平景观。后世称之为"仁宣之治"。

　　明仁宗朱高炽和明宣宗朱瞻基在明成祖朱棣去世后先后继位。在历史上，明仁宗和明宣宗常常被比作周朝的周成王和周康王，汉朝的汉文帝和汉景帝。

　　继"成康之治"和"文景之治"之后，"仁宣之治"是又一个守成君王的好典型，他们能继承创业君王的遗志，较好地治理国家。

　　朱高炽是明成祖的长子，1395年就被册立为燕世子，成为燕王朱棣的法定继承人。他生性端重沉静，言行识广，喜好读书。朱高炽即位后，改年号洪熙，这就是明仁宗。随后开始了一系列改革。

　　明仁宗赦免了建文帝旧臣和永乐时遭连坐流放边境的官员家属，并允许他们返回原处。又平反冤狱，使得许多冤案得以昭雪，如建文朝忠臣方孝孺的冤案，永乐朝解缙的冤案都在这一时期得到了平反，并且恢复一些大臣的官爵，从而缓和了统治集团内部的矛盾。

　　明仁宗选用贤臣，削汰冗官，任命杨荣、杨士奇、杨溥三人辅政。废除了古代的宫刑，停止了皇家的采办珠宝。

　　他处处以唐太宗为楷模，修明纲纪，爱民如子，下令减免赋税，对于受灾的地区无偿给以赈济，开放一些山泽，供农民渔猎，对于流民一改往常的刑罚，采取妥善安置的做法。

　　明仁宗崇尚儒学，褒奖忠孝，他统治期间儒家思想得到了充分的发展。还在京城思善门外建弘文馆，常与儒臣终日谈论经史。

　　明仁宗对科举制度作出了重要的贡献。当时由于南方人聪明而且

刻苦，进士之中多为南方人，但北方人天性纯朴，忠贞，也是皇家不可或缺的支柱，但北方人文采出众的较少。

为了保证北方人可以考中进士，明仁宗规定了取中比例"南六十、北四十"，这一制度一直被沿用至清朝。

明仁宗非常善于纳谏，曾经给杨士奇等人一枚小印，鼓励他们进谏，因此洪熙朝政治非常清明，朝臣可以各抒己见，皇帝可以择善而行。明仁宗所做的一切，使得人民得到了充分的休养生息，生产力得到了空前的发展，明朝进入了一个稳定、强盛的时期，也是史称"仁宣之治"的开端。

朱瞻基于1411年被祖父明成祖朱棣立为皇太孙，数度随成祖征讨蒙古。1425年6月27日正式登基，开始了宣德朝。朱瞻基就是明宣宗。

明宣宗登基之后，摆在他面前最大的问题就是外藩问题。这个问题在以前都没有得到根本解决，明宣宗即位之后，马上着手整顿军务，准备迎接来自强藩的挑战。

他的皇叔朱高煦以"清君侧"为名发动叛乱，明宣宗在大臣杨荣的建议下御驾亲征，最后生擒朱高煦，彻底平定了叛乱。

得胜之师回到北京后，明宣宗马上传诏给另外一个皇叔朱高燧，暗示他交出兵权。朱高燧并没有反抗，乖乖地交出了三卫兵马。就这样，明初近半个世纪的藩王问题在宣德朝终于得到了解决。

安南问题也是宣德朝的一个重要问题。早在明永乐时期，由于安南国内部的争斗，使得安南国原来的统治者绝嗣，安南一片混乱，明成祖派大将张辅率兵平叛，并在安南正式建衙，并派人管理。

但是由于一些贪官污吏的压榨，加之历史渊源，安南几乎没有断过兵燹，这使得明初的财政背上了沉重的负担。至明宣宗即位时，安南问题日趋严重，朝廷军队不断在安南遭遇败绩。

在这种情况下，明宣宗决定议和，放弃对安南的占领。从长远来看，此举不但减轻了人民负担，节省了大批人力财力，而且利于安南与各个民族的交往。

随着政局的稳定，被战乱破坏的地方，又重新建立起社会秩序。农业逐渐恢复，户口与垦田逐渐增多，粮食产量增加，朝廷税收增多，官营民营手工业陆续发展，商业城市增多，海外贸易往来活跃。

在对内治国之道上，明宣宗实行安民、爱民的仁政。他深知"民

能载舟也能覆舟"的道理，因此在他统治的期间内，体恤民情，实行与民休息的政策。

明宣宗继续推行洪武朝以来的招人垦荒的政策，发展农业生产。

1430年3月，明宣宗路经农田时，看见路旁有耕作的农民，于是他下马询问农作物的生长情况。他兴致盎然，取来农民耕田的农具，亲自犁地。没推几下，他停下来，回头对大臣说："我只是推了3下就有不胜劳累的感觉，何况农民终年劳作。"说完就命人赏赐农民钱钞。

1430年6月，京畿地区发生了蝗灾，明宣宗派遣官员前去指挥消灭蝗虫。他仍不放心，特意谕旨户部，告诫他们往年负责捕蝗的官员害民的危害一点也不比蝗灾小，因此要严禁杜绝这种事情的再次发生。

明宣宗十分关注旱涝和蝗虫灾害。在正常的制度范围内，他对受灾区采用各种各样的救灾措施，诸如免税一两年，减收田赋二至四成，分发免费的粮食和其他生活用品以吸引难民重返家园。

为了保证取得理想的结果，他鼓励地方官员履行自己的职责，并常常派钦差大臣去各受灾区监督工作的进行。历史学家一般都盛赞明宣宗全心全意地关心人民的福利。

在宣德朝，图书文化事业发展迅速。1433年，明宣宗命杨士奇、杨荣于馆阁中择能书者10人，取五经、《说苑》之类，各类副本，分别贮藏于广寒、清署二殿及琼花岛，以资观览。又建造"通集库"、"皇史晟"以藏古籍、档案。内阁藏书约20000余部，近百万卷。史称"当是之时，典籍最盛"。

由于明仁宗朱高炽，明宣宗朱瞻基的作风较为开明，才有了在明代历史上一段为史家所共同称道的仁宣之治。

明仁宗和明宣宗的共同之处，就是两位皇帝均自称是守成之君。

守成即守业，在一定意义上就是守旧；名曰守旧，但却实行了与旧时完全不同的治国理念和政策策略，个中滋味颇耐人寻味。

以武力夺取天下，以暴力征服天下，毕竟不是什么令人愉快的事情。高压政治稳定了政权，高压出太平，但这样的太平并非太平盛世，太平的歌舞升平之后隐藏着尖锐、积重难返的社会矛盾和问题。

当人们厌倦、忧虑严猛政治游戏时，宽仁治国、发展经济便成为人们反复经历高压政治后的殷切期望，成为社会发展必然的历史趋势。仁、宣二帝适应历史和社会的需求，虽出于思想稳定和政治宣传的需要，但却实行新政，才有了治平之象。

史家在评价这段历史时曾颇具深意地说"民气渐舒"，即民心顺畅了，民气舒展了，把"民气渐舒"作为治平之象的主要特征，对后世和后人的警示意义就显而易见了。

拓展阅读

有一次，朱元璋叫孙子朱高炽阅看章表奏文。

朱高炽在向朱元璋汇报时，只讲章表奏文中有关军民利害的事情，从来不提其中偶尔出现的文字谬误。

朱元璋把他看过的章奏拿过来，自己又看一遍，把那些谬误一一指给他看，问道："孙儿，你没看出这些毛病么？"

朱高炽回答道："我哪敢疏忽粗心，看不出这些毛病呢！只是想，不能絮絮叨叨地讲这些小毛病，那样会浪费您的时间和精力。"

经过考察，朱元璋很高兴，认为他有当君王的见识。

清朝康雍乾盛世

康雍乾盛世又称"康乾盛世"，是指康熙、雍正和乾隆三朝皇帝统治时期出现的盛世局面，是我国古代封建王朝的最后一次盛世。

康雍乾盛世起于1681年，止于1796年，时间110多年。在此期间社会稳定，经济快速发展，人口增长迅速，疆域辽阔。但因制度僵化，闭关锁国，使得这一局面无法长久。

康雍乾盛世作为我国历史上的一个重要时期，它在政治、经济、文化和对外关系等方面，都反映出不同以往的风格和特点。

清朝完善和确定了清代的政治制度。清朝的内阁，但由于皇帝大多勤政，又推崇乾纲独断，导致内阁形同虚设。

清朝雍正时设有军机处，为朝廷最高决策机构，而军机大臣虽然有一定权力，但是在皇帝大权独揽又勤政的情况下，也常常是"跪受笔录"。

清朝只有内阁大学士兼军机大臣才有宰相之实，可见清代对大臣的管制之严。清朝在地方每省设巡抚，这种制度在雍正时期确立。

总督、巡抚的权力很大，手握一省或几省的军政大权，但是清代有严密的监察体系和措施，所以清代地方权力虽大，但是一直是效忠中央。

清代的政治制度，单和我国历代相比，可以说较为完善，所以清朝廷一直保持着高效的办事效率。中央有决策，地方马上就可以执行，而且没有出现过地方督抚大叛乱的情况。

在晚清时期，虽然多次遭受西方列强侵略，但是国家没有分裂，可以看出康雍乾制定的政治制度是卓有成效的。

清朝前期的100多年里，农业生产的持续发展，耕地先表现在对荒

地的大量开垦、耕地面积的扩大。1722年，突破了明代最高耕地统计数字，达到851万顷（1顷约为6.67公顷）；到1725年，全国耕地面积为526万顷。

农业种植方法的进步，使粮食产量大幅度提高。广东部分地区收获早稻以后，又插晚稻；收获晚稻以后，再种油菜或甘薯，一年三熟。江西土薄，早稻收获以后不能续种晚稻，就种荞麦，一年两熟。由于南方多熟种植的推广，每年可增产粮食60多亿千克。

专门从事蔬菜生产的农民增多了。北京郊区的菜农，利用"火室"、"地窖"等设备，在冬季栽培韭黄、黄瓜等新鲜蔬菜，拿到市场上出卖。乾隆年间，原来不种棉花的河北一些地区，栽培棉花的占十之八九。

清朝前期，甘蔗种植遍及东南沿海各省。广东一些地方种植的甘蔗，往往上千顷连成一片，远远望去像芦苇一样。由于地理大发现，玉米、番薯、马铃薯等多种农作物从明代就自美洲经南洋输入。

清人陈世元撰《金薯传习录》，记述了冷床育苗，包世臣《齐民四术》中记述了翻蔓技术，番薯种植技术逐渐完善。玉米、番薯等高产作物的推广养活了更多的人口。

康乾时期之所以能以盛世得名，人口的大规模增长是主要因素。康熙时期我国人口重新突破一亿，1740年清查人口时，全国人数1.4亿，至1762年，已经超过2亿人，1790年突破3亿大关。

康雍乾时期的手工业得到了很大发展。明末清初，因长期战乱，手工业生产也遭到严重破坏。大约经过五六十年的光景，至康熙中期以后，手工业才逐步得到恢复和发展。

丝织业在清代手工业中占有重要地位。当时江宁、苏州、杭州、佛山、广州等地的丝织业都很发达。虽然清朝统治者在江宁、苏、杭设有织造衙门，在一定程度上阻碍了江南丝织业的正常发展，但清代民间丝织业还是发展很快。

如江宁的织机在乾、嘉时达到3万余张，而且比过去有许多改进，"织缎之机，名目百余"，所产丝织品畅销全国，江宁的丝织业素负盛名，有着"秣陵之民善织"的美誉。

乾隆年间，江宁府有官营织机六百多张，在织造局内从事丝织业生产的熟练技术工人

近两千名。当时，清朝政府为了更好地发展丝织业，便在南京设立江宁织造署，派织造官管理丝织业。

江宁除官织之外，更多的是民间丝织业。南京城南聚宝门及江宁县的秫陵关、陶吴镇，横溪桥，东郊的孝陵卫等地，都是丝织业工人集中的地方。

据记载，"乾嘉间，机以三万余计。"当时的江宁拥有织机三万多台，男女工人五万多，依靠丝织业为生的居民约二十万人。丝织业的花色品种比明代增多，以云锦和元缎最有名。仅元缎一项的年产值就达白银一千二百万两以上。

道光时，贵州的遵义绸"竟与吴绫、蜀锦争价于中州"，却招致了秦、晋、闽、粤各省客商竞来购买贩运。遵义丝绸系以柞蚕丝为原料织作而成，有被面、缎背绉、美丽绸及和服绸等品种，以丝绸被面为传统产品。

遵义丝织品的特点是：绸身紧密，手感光滑柔软，温润如玉，轻飘而绚丽，具有桑蚕丝所特有的天然光泽。

遵义地区13个县为柞蚕的主要产地，亦为贵州丝绸业发源地。至道光年间，这里已经成为丝织业发达之区和省内丝绸贸易中心。

清代棉织业在江南一些地区也日益发达。棉纺织工具有显著改进。如上海的纺纱脚车、织布机也有一些改进和革新。当时的棉布生产，无论数量或质量都比以前有很大提高。上海的"梭布"、苏州"益美字号"的苏布、无锡的棉布等，信誉极广，名达四方。

乾隆时，"坐贾收之，捆载而贸于淮、扬、高、宝等处，一岁所交易，不下数十百万"，有"布码头"之称。

在清代，棉布种类较多，有蜀布、都布、班布、云布、冷布、飞花布、丁娘子布、鸡鸣布、女布等。

布一般以棉、麻为原料，经过纺纱而织成布之后，又经过浆染、印花，成为各种类型的布。如蓝印花布，以油纸刻成花板，然后蒙在

白布上，用石灰、豆粉和水调成防染粉浆刮印，待其干后，用蓝靛染色，再干后，刮去粉浆，即成花布。

清代民间的蓝印花布较为普遍，有蓝地白花、白地蓝花，内容有花卉、人物、故事等。

清朝时期陶瓷文化，清朝中国瓷器可谓登峰造极。数千年的经验，加上景德镇的天然原料，督陶官的管理，清朝初年的康熙、雍正、乾隆三代，因政治安定，经济繁荣，皇帝重视，瓷器的成就也非常卓越，皇帝的爱好与提倡，使得清初的瓷器制作技术高超，装饰精细华美，成就不凡。

清代，江西景德镇仍是全国制瓷业的最大中心。至乾、嘉时，不说官窑，单民窑工匠人数就不下10余万。由于瓷器需求量的激增，使康、雍、乾三代的景德镇瓷业进入了制瓷历史高峰。

康熙时期的青花、三彩、郎窑红、豇豆红、珐琅彩等装饰品种，风格别开生面。

雍正时期的粉彩、斗彩、青花和高低温颜色釉等，粉润柔和，朴素清逸。

乾隆时期的制瓷工艺，精妙绝伦、鬼斧匠工，前无古人。青花玲珑瓷、象生瓷雕、仿古铜、竹木、漆器等特种工艺瓷，惟妙惟肖，巧夺天工。

除景德镇外其他各地的制瓷业也都发展起来。尤其西风渐进，陶瓷外销，西洋原料及技术的传入，受到外来影响，使陶瓷业更为丰富而多采多姿。

据统计，乾隆时全国著名陶瓷品产地共有40余处，遍布各地。如直隶武清、山东临清、江苏宜兴、福建德化、广东潮州等地的窑场，都有很大的规模。所产瓷器色彩鲜艳，精美异常。

制糖业在福建、广东、四川等地都很发达。康熙至乾、嘉之际，

我国台湾的种蔗制糖极盛，每年产蔗糖60余万篓，一篓近100千克，内销京津及江浙各省，外运越南及吕宋，东至日本等国。广东的蔗糖也贩运四方。

此外，浙江、江西、江苏等省的甘蔗种植和制糖行业，也日益发展起来。

矿冶业在清代也有进一步发展。云南的铜矿，贵州的铅矿，广东、山西、河南、山东的铁矿，开采的规模都比较大。如云南的铜矿，至乾、嘉极盛时，全省开办的铜厂有300多处。

其中有官督商办大厂，也有私营小厂。1740年至1811年间，云南铜矿的年产量达到1467万余千克。乾隆时，贵州铅矿年产黑铅也达到1400多万千克。

广东的铁冶规模很大。广东佛山镇的铁器制造业也很发达。那里有铸锅业、炒铁业、制铁线业、制钉业和制针业等行业，而尤以铸锅业最为有名。所铸铁锅不仅行销国内各地，而且也大量输出国外。

清代前期，商业贸易十分繁荣，各种商品行销海内外，四方流通联系更加的密切。如河南、东北的棉花供销全国各地，而棉花却又仰给于外省。广东佛山镇的各种铁器，行销全国，当时有"佛山之冶遍天下"的说法。

其他如苏州的丝、棉织品、南京的绸缎、景德镇的瓷器、广东、台湾的蔗糖、安徽、福建、湖南的茶，也都行销各地。

特别是江南的丝织品，清代比明代有更广大的国内外市场。例如南京所产的绸缎，几乎行销遍全国。当时我国的手工业产值占全世界工业、手工业产值的30％。

清初的文人学者，不满统治者的民族压迫和专制统治，较普遍地存在反对清民族思想，有些人还有进步的民主思想。这时期的诗文作家，即以抱有这种思想的明遗民为主体。

黄宗羲、顾炎武、王夫之三人是这时期最杰出的思想家和学者。他们的散文，以深厚的功力，表现了强烈的民族思想和不同程度的民主思想，超越了明末时期散文的成就，显示了崭新的面貌；他们诗歌的风骨也高。

重要的遗民诗人，还有归庄、杜浚、吴嘉纪、阎尔梅、钱澄之、屈大均、陈恭尹等。遗民诗的重要主题，是反映民族矛盾，表现爱国思想；阎尔梅、钱澄之、吴嘉纪又较多地反映了当时的社会和阶级矛盾。在风格上，也各有特色。

康熙后期，统治巩固，文士又多是在清朝成长的，其身世与明遗民不同。这时期的诗歌，就不再以表现民族矛盾与阶级矛盾为主，而是致力于艺术技巧的追求，内容以抒情吊古和摹写山水为主。

著名诗人有施闰章、宋琬、王士禛、朱彝尊、查慎行、赵执信等。王士禛为神韵派领袖。查慎行诗刻画精工，成就较大。赵执信则

比较注重反映现实。

此外，长篇小说在本时期放射出特有的巨大的光彩，这就是吴敬梓的《儒林外史》与曹雪芹的《红楼梦》两部巨著的出现。

短篇文言的笔记小说，有纪昀的《阅微草堂笔记》、袁枚的《新齐谐》等，成就都不及前期的《聊斋志异》。

康乾时期清朝统治者汇集众多专家、学者编修了《康熙字典》、《古今图书集成》、《四库全书》等大型文化典籍，成为我国宝贵的文化遗产，然而清统治者毁书也多，则是一大罪过。

清帝国版图在乾隆于1759年平定新疆后达到空前扩张，北起自外兴安岭以南，东北至北海，东含库页岛，西至巴尔喀什湖以东，继承了1758年准噶尔汗国的边界，形成了空前"大一统"的多民族国家。

乾隆帝派明安图等人两次到新疆等地进行测绘，在《皇舆全览图》的基础上，绘成《乾隆内府舆图》。

清朝因沿袭了汉族王朝的天下观，将西方国家视为夷狄，着眼于怀柔远人和外夷归附，但又严加防范。在康乾时期向其朝贡的国家有朝鲜、琉球，安南，即越南、南掌，即老挝、暹罗，即泰国、缅甸，廓尔喀，即尼泊尔、哲孟雄，即锡金、不丹，浩罕、哈萨克、布鲁特、布哈尔、巴达山克、爱乌罕，即阿富汗、苏禄、博罗尔、玛尔噶朗、坎巨提、安集延、那木杆、兰芳共和国等。

康乾时期我国还与沙皇俄国签订了《尼布楚条约》、《恰克图条约》等条约，划清了中俄两国的疆界，阻止沙皇俄国南侵的势头。

康乾时期国际社会发生了前所未有的变革。在西方世界，产业革命爆发，启蒙运动风行，资产阶级革命风起云涌，欧洲列强凭借自己强大的综合力量，力图按自己的意志重新改造世界。

在这种情况下，康熙曾经以浓厚的兴趣积极向传教士学习天文、数学、医学等方面的知识，乾隆及其皇子也对外国的科学发明产生过相当的兴趣，对西洋的军舰尤其印象深刻。

康熙皇帝是我国历史上最早接触西方科技的人之一，但他还把许多西方的科技项目当成了自己的玩具。当他玩着这些玩具正高兴的时候，西方已经大步地走向了工业化社会，他的帝国还陷在"你耕田来，我织布"田园牧歌里出不来。

康熙并不是没有机会近距离地接触这种西方先进的科技知识的。比如，1682年康熙巡视辽东，夜间宿营时，他拿出来几年前给他制作的小型星座图表，依据星的位置说出时刻来。又如，1691年8月21日，召见张诚，向他学习使用天文环，康熙虽然弄得满头大汗，还是对这个仪器的全部用法进行了实习。他对天文环及半圆仪的准确程度给予了高度评价。

康熙对天文学的兴趣和造诣，也许可以说在我国历代帝王中绝无仅有，但他并不是清代唯一对天文学有兴趣的皇帝。雍正也在宴请耶稣会士时想了解九星联珠的情况，并就它们的推算提了各种问题。

所以虽然康熙早了解了西方的科技，虽然他甚至亲自接触了西方的科技，但直至康熙一朝结束，在他领导下的大清帝国没有一点要向西方学习科技的意思。

由于清朝统治者实行严格的限关政策，使它和发达国家的距离已经越拉越大。果然，"康乾盛世"结束后不到半个世纪，鸦片战争就爆发了，我国随之陷于半殖民地的苦难深渊。

康雍乾三朝盛世时期的我国虽然在政治制度和科学技术等方面落后于西方，但它毕竟是封建社会的又一次太平盛世，繁华高峰。由于历史的局限，不可能每一个盛世都是完美的。

"康乾盛世"所存在的问题，其实也正是后来者锐意变革的潜在动力。

拓展阅读

雍正帝虽然残酷多疑，但确实是一位治国之君。他不好声色，不尚奢靡，张廷玉说他每次见到皇上用餐时，从不掉一颗饭粒或饼屑。他经常教育厨师要珍惜粮食，不能浪费粮食。

雍正帝日夜勤于国事，很少有人与他在一起。批阅奏折累了，唯一的消闲，就是独自饮酒、赏心或赋诗。

他有一首诗，把自己描写得十分形象逼真："对酒吟诗花劝酒，花前得句自推敲。九重之殿谁为友，皓月清风作契交。"

可见雍正帝真正是一个孤家寡人。